考古学のこころ

戸沢充則

新泉社

考古学のこころ　目次

序章　こころを失った考古学への怒り……7

第一章　考古学との出合い……23
本物の歴史が畑にころがっている　24
『諏訪史第一巻』の思い出　27
地域に密着した考古学へ　30

第二章　永遠のかもしかみち――こころの灯をともした藤森栄一のひとと考古学……33
かもしかみちを行こう　34
かもしかみちを遡る　40
かもしかみちは続く　46

より高きを求めるかもしかみち　51

第三章　遺跡の発掘には感動がある――地域研究者宮坂英弌のこころ……57

独力で尖石を掘りつづける　58
尖石から与助尾根へ　62
縄文集落研究の原点　76

第四章　考古地域史がめざしたもの――八幡一郎と郷土考古学論……95

究極は人類史研究　96
地方史は大根の輪切り　101
郷土考古学論　109
ふるさと信州の味　118

第五章　執念と情熱の考古学と教育――杉原荘介の遺産への想い……123
目的に向かってまっしぐらに生きる　124
『原史学序論』と書かれざる『原史学本論』　152
第六章　旧石器発掘捏造事件を追う――私の考古学の自己検証……161
I　傍観者でありえない
座散乱木の「発見」の現場　162
「前期旧石器」はなお慎重に　167
真実がみえない学会発表　172
空しい歴史叙述　178
II　けわしい検証調査の道
火中の栗を拾う　196

全研究者の一致協力こそ 200
薄氷を踏む思いの面談 206
急転回をみせる検証活動の周辺 214
崩壊した前・中期旧石器時代の骨格 221

余章 考古学を学ぶこころを未来に……231

装幀 勝木雄二

序章　こころを失った考古学への怒り

二〇〇〇年の秋といえば、私にとっては四年間勤めた明治大学の学長をその年の四月に退任し、次の年には大学も退職して、身辺の整理をした上で、すこしばかり過去をふり返る余裕をもちたいと準備を始めた時だった。

そこで十月には数年ぶりに日本考古学協会の年次大会に顔を出して、旧い学界の先輩や仲間たちにご無沙汰のわびもしようと考えて、鹿児島に足を運んだ。

大会の光景は旧態依然といった昔ながらの雰囲気だったが、なぜか私など、もうとりつくしまもないような、異質で、一種とりすました退屈さを感じさせた。

私は三十分もたたないうちに会場の席を立ち、休憩所になっているロビーに出て、「これで学会参加も最後だろうな」とひとりつぶやいて、広いガラス窓のそばのソファーに座った。そのとたん、ほんとうに腰をおろして外を眺めたその瞬間、間近に見える桜島火山の頂上付近からもくもくと黒煙が噴きあがり、風に流された噴煙が空を暗くし、やがて黒い火山灰混じりの雨が、会場周辺の景色を一変させた。七十年の生涯ではじめて眼のあたりにした火山の噴火であり、火山灰の直撃であった。だから、といったらご当地の皆様には不謹慎だと叱られるだろうが、ものすごく印象深い光景であった。

大会の最終日、地元の研究者から、前・中期と思われる旧石器の遺跡を調査中だが、見学にいらっしゃいませんかと突然誘いを受けた。とくに決まった予定ももっていなかったので、ついなんとなく、それはありがとうと応じた。遺跡が熊本県人吉市で、数年前に案内されてごちそうになった、おいしいそばと焼酎の味になつかしさを憶えたせいかもしれない。

車で約二時間、うろ覚えの薩摩藩や西郷隆盛の歴史知識を思い出しながら、そして南九州の自然や風土を堪能しながら現地に案内されて、そこで現実の世界に戻った。

問題の遺跡は瘠尾根《やせおね》の上から斜面にかけてあり、急斜面の崖錐《がいすい》状ともいえる堆積層の中に、無数ともいえる白色の小さな石片・石塊が包含されている。採集されている資料の、何百、何千の中にこれはとみられる石器らしい石片もたしかにあるが、私は座散乱木《ざざらぎ》発見以前の「前期旧石器論争」を思い出しながら、これは駄目だろうと直感した。

しかしその日の自分の立場を考えてみれば、とくに依頼されて石器の真偽を鑑定したり、調査を指導する立場ではないし、それより何より、二十年前の座散乱木発掘の現場に三十分ほど立ち寄ったことはあったが、その後の東北地方を中心としたにぎやかな前・中期旧石器文化の発掘や研究について、全くといってよいほど現場の体験をもっていなかったので、いいともダメともいわず、わずかに残っていた尾根の頂部近い水平堆積の地層を指さして、まずそのあたりを重点的に発掘したらどうですかと、感想めいたことをいった。

その日同行したK氏（というより私が飛び入りで彼に同行したことになるのだが）は、深刻な顔つきでしきりに頭をかしげていた。その彼が遺跡から空港までの車中で、こちらが聞いたわけではないが、さかんにF氏の病気のことなどを話してくれたことが、妙に印象に残った。

＊

それから一カ月もたたない十一月五日、あの衝撃的な「旧石器発掘捏造《ねつぞう》」発覚のニュースが、社会と学界を激震の中に捲きこんだ。

とはいってもその朝の私は、その頃身についた習慣にしたがって、腰痛をかばってゆっくりベッドの上に起きあがり、少しずつ身体の凝りを解きほぐす運動を、数本のタバコを吸う間くり返し、終わってやおら入浴し、一時間以上もたってようやくコーヒーを飲むという、いつものスローペースの朝を過ごしていた。

九時をすぎた頃だったが、ある新聞社の記者からの電話が鳴った。「旧石器のネ、ツ、ゾ、ウ、が発覚したのですが、先生はこれをどう思いますか」といういきなりの取材だった。「それ何のこと」というとぼけたような返答に、「今朝の新聞は見ていないんですか」と記者のいらだったような声。こちらもちょっとムッとして「いま起きたばかりで新聞もテレビも見てないよ」「じゃあすぐ新聞見てくださいよ」というから、机の上の折ったままの新聞をさっと頁を繰ったが、とくに考古学の大ニュースなど見当たらない。「どこを見ればいいの」「毎日新聞ですよ」「うちはA紙だから」「ああそうですか。それではまた後で連絡させていただきます」ということで、この事件に関する私への最初の取材電話は切れた。

　後になって知ったことだが、この日は早朝から（なかには深夜）、かなり多くの研究者が取材攻撃を受けたということである。

　ともかくただ事ではなさそうなので、テレビのチャンネルをパチパチと切り替えてニュース番組を拾った。そしてようやくネツゾウ事件の何たるかの意味を知った。すぐ近くの私鉄駅の売店に走って、『毎日新聞』を買った。

　新聞を手にすると釣銭を受けとるのも忘れて店先をはなれ、立ち止まって数頁にわたる大スクープ記事を矢つぎ早にめくった。生々しい捏造現場の連続写真はこの世のものとは思えず、頭がくらくらしたのを覚えている。

家に帰ってその記事をていねいに読んだ。藤村新一の行為やそれを見逃した周辺の人びとに怒りを覚えた。取材の方法や報道の仕方に問題があるのではないかとも思った。

あれこれの思いが錯綜しながら全文を読み終わろうとしているところへ、朝一番の電話とは別の新聞社から取材の電話が来た。「ウーン。体の中の血がみんな凍りついたような気持ちです」といっただけで、後は言葉にならなかった。先方は「二遺跡以外の他の遺跡は……、捏造の背景は……、学閥・派閥関係がいわれていますが……、学界としての責任のとり方は……」等々いろいろなことを問いかけてきたが、「とにかく事情を正確に把握し、私自身の頭の中を整理してからだ」といってこちらから受話器を置いた。

その後、その日の午後から夜遅くまで、私は自分の書斎に閉じこもり、新聞の記事を見直したり、目を閉じてあれこれのことを思い出したり、研究者の一人としてやるべきことは何なのか等々、混乱する頭をかかえて椅子に座り切りだった。電話は留守電に切り替えて一切応答しなかった。

書斎の私の座る位置から一番目線のきく本棚には、ずっと以前からそうなのだが、藤森栄一先生の著書が並べてある。混乱しきった考えに疲れて、ふとその背文字に何回か眼を注ぐうちに、私は、藤森先生がこの捏造問題について何か語りかけているような気がした。そして頭の中のもやもやが少しずつ薄れていくのを感じた。

そうだ、この問題は誰彼の犯行、スキャンダルといった次元の事件ではなく、日本考古学全体が信頼を問われるような、学問の本質にかかわる重大事だ。それは研究者全体の真摯な反省の上に立って、それぞれが主体的に真相の解明と、将来への展望につながる解決の方向を求めなければいけないと気がついた。そしてこの問題の解決のために、自らを評論家・傍観者的立場においてはいけない。当事者の一人として責任をもつべきだとも。

もう夜もかなり更けていたが、私は本棚から二、三冊の藤森先生の本を取り出して、ペラペラと頁をめくった。どこをどう読んだというのではない。今度の事件に先生もきっと口先をゆがめて怒っているのだろうなと考えながら……。

いつの間にか本を閉じた私の手は、原稿用紙に向かっていた。それこそいま想えば近頃の自分としてはめずらしく、一気呵成《かせい》の勢いで三千字ほどの原稿を書きあげた。次にその文章をここに紹介したい。

＊

考古学の信頼どう取り戻す

十一月五日の毎日新聞朝刊が報じた「旧石器発掘ねつ造」の一連の写真は、まさに悪夢を見ているような信じられない光景だった。研究者としてあるまじき行為であり、同じ研究者の一人として信じたくないことだが、当の本人の藤村新一・東北旧石器文化研究所前副理事長が「魔がさしてやってしまった」と全面的に認めたのだから、悲しいことながら考古学界最大の不祥事として、日本考古学史に消し去ることのできない汚点として記録されねばならないことだろう。

いまからもう六十年余も前、戦前の昭和十三年のことだが、在野の考古学者として著名な藤森栄一が「掘るだけなら掘らんでもいい話」という一編のエッセーを書き残している。

それはまだ彼が二十代の青春時代、ただ一筋に考古学にあこがれ、故郷の信州の家を飛び出して大阪の友人を頼り、その日の糧もままならぬ中で苦学を重ねている頃、ある帝国大学の教授で学界の権威者でもあったK博士が、有名な寺の宝物であった資料を私物化しようとしたことが発覚し、大学を退職し、学界からも失脚したという事件に当面した。

生命をかけてまで考古学の道を努力している若い藤森にとっては、悪夢を見るようなショックだった。そして怒りをこめて書く。

「（今の考古学は）知識欲の追求と資料追随主義という学問の錯覚に毒されて、それ自体爛熟し化膿し崩れかかってきている」

「（大学や学界の）指導者は真実に命をかける何人の弟子を育てたか。弟子は奸佞《かんねい》に師の殻を守るか、そのための心の貧困をいとう者は止《や》めてしまったかどちらかだった。残ったものは莫大なレポートと、手を付けられなくなったこれも莫大な量の古代の死骸であった。資料、資料で学問の体系も精神もひしがれてしまった学問がゆきづまってしまって、考古学は古代史への正当な発言権の一切を失い、その上、K博士事件に見る犠牲を生んだのだといわれて、誰が弁明の余地があるだろう」と。

このエッセーは藤森の死後、遺稿の一つとしてみつかって昭和四十九年に出版される（藤森栄一『考古学・考古学者』学生社）まで未発表だった。K博士事件もいわば個人への「処分」に終わって、藤森が願った「物が備って心がない考古学に、精神を注ぐきっかけになる」ような学界的な動きは全くなく、日本考古学史でもそのことは忘れ去られている。

六十年前と現在とは考古学が置かれている社会状況は大きく異なる。太平洋戦争の敗戦を契機として、考古学は古い歴史観の下での古代史（神代史）に代わって、科学的な研究にもとづく真実の歴史をさぐる担い手となった。

尖石《とがりいし》、平出《ひらいで》、登呂《とろ》遺跡の発掘が国民的関心をひきつけて、平和日本の幕開けを飾るにふさわしい情報を発信した。岩宿《いわじゅく》遺跡の発掘で、旧石器文化の存在が確認されて、日本の歴史の古さが大きく書き換えられたことなども、戦後考古学が一躍社会の脚光を浴びる大きな原動力になった。

そして、戦後五十年余、その原因や背景はいまはおくとしても、相次ぐ考古学上の大発見、新発見によって日本の考古学はかつてないブームの中にある。いや、そう言ってはいけない。戦後考古学の中で学問としての社会的責務を自覚した数少なくない研究者の努力によって、古代にロマンを感じ、考古学に夢をかける膨大な数の〝市民考古学者〟が育ち、考古学の基盤を固めつつある。

二十一世紀の考古学は、まさに市民とともに創造しようとするさまざまな動きがある一方で、その市民、社会の信頼を大きく失わせる今回の事件はいったいなんなのだろうか。

五、六日と続いた新聞・テレビ等の報道は、この事件の社会的な関心の深さを如実に物語っている。多くのマスコミが、この事件を個人の〝犯行〟といったスキャンダラスな扱いではなく、学問としての考古学の信頼を、市民、社会からどう取り戻すのか、とくに学界レベルでの取り組みを期待している論調が多いことに、暗いこの事件の中の一つの光と、それ以上に研究者の一人としての責任の重大さを感じる。

幸い、報道によると、文化庁をはじめ関係諸機関が、事実経過の確認や遺跡の再調査に動き出した。日本考古学協会もこの事件を重大に受け止め、学会として対応を考えるとの意思表明をしている。そうした動きに期待し、私も協力し、努力したい。

「掘るだけなら掘らんでもいいのだ。資料も知識もそれ自身つまるところ何のオーソリティにも価しない。それよりも高い知性と鋭い感性と強い情熱によって、一日も早く一つの学問を形成しよう。それこそこの国の人々のすべてから、古い考古学の観念を叩き出してしまおうではないか」と、六十年余も前に藤森栄一が叫んだように。

＊

実はこの文章は、二〇〇〇年十一月八日付の『信濃毎日新聞』に掲載されたものである。全く偶然のことであるが、事件発覚の夜、思い悩んで一気に原稿を書いたその翌朝、『信毎』文化部から電話があった。事件の真相や背景を教えてくれということだった。といわれても、今日、明日と予定を組んだ、大学や学界の研究者と情報と意見を交換してからでないと、正直なところ自分には何もわからないと答えるより仕方がなかった。

当紙は私の出身地長野県の地域紙で、いままでにも研究や活動のことで私もいろいろと協力をしてもらっている。冷たく応対はできない。そこで、昨夜何気なく書いた任意の原稿もあると思いつつ、二、三日内でよかったら、今度のことについてのコメントを文章にして送ってもよいと約束した。そして七日の昼頃だと記憶しているが、元の原稿を補正してファクスで送ったのがこの文章である。

たしかに六、七日の両日、そしてその後も私は夜遅くまで実に多くの研究者と逢った。誰もが事件のあまりにも大きな衝撃に苦痛の表情で、情報と意見の交換をしたが、なんといっても情報は個々ばらばらで、とまどうばかりといった状況だった。しかしみんなが協力し、一体となって事実の解明と信頼回復の努力に全力で取り組むという意思は確認した。日本考古学協会の甘粕健会長も見えられて、この問題は協会全体の責任で解決に当たるという強い意向を話され、協力要請があった。もちろん私は全面協力することをお約束した。

そして、多少手を入れた例の原稿を『信毎』に送った。だからそこに書かれていることは、「旧石器発掘捏造」の具体的な内容には何一つ触れるものではないが、この事件解明に向けた私自身の方向性を確認し、そのためにあらゆる努力を惜しまないという決意表明のようなものだったといえる。

実際、その後まもなく、私は協会が設置した「前・中期旧石器問題調査研究特別委員会」の委員長をお受けし、二年近くにわたってそのことに奔走することになる。その結果が当初の私のいだいた方向性にどれほどそったものだったか、また努力に欠けるところがあったかどうかについても、本書の後章で自ら検証してみることになる。

想えば十月の鹿児島での考古学協会の大会に参加し、「これが最後の学会参加だろうな」とひそかにつぶやき、また来年の三月には大学教授も退職して等々……、といった個人的な都合など、すべて一時お預けとなった。さらに思えば、あの鹿児島大会の時、地元紙が五十年ぶりの大活動と伝えた桜島の噴火も、戦後五十年の日本考古学、その中でおきた「旧石器発掘捏造事件」への怒りだったのかなどと因縁めいたものを覚える。

*

一書のはしがきのつもりで書きはじめた文章が、とてつもなく長くなってしまった。実は大学、学界からの引退を意識しはじめた頃から、身辺が落ち着いたら、いままで自分がやってきた考古学のまとめとなるような著書をつくりたいと思い、ああでもない、こうでもないといくつかの構想を立てたり、つぶしたりしていた。

しかし捏造事件がおきて、そのことに直接かかわり、そして今年（二〇〇二年）五月に特別委員会の責任を若手にお願いして引退した頃から、この一連の事件とその後の検証調査を通じてみた、考古学の世界に対する索漠《さくばく》たる気持ちを感じて、五十年以上もの生涯、自分がただひたすらに走りつづけてきた考古学って、一体何だったのだろうかと思い悩むようになった。

たまたま今年はいろいろな研究上の場面で、五十周年記念といった節目のイベントが多かった。私の周囲だけでも、「茶臼山《ちゃうすやま》遺跡発掘後五十年」「尖石特別史跡指定五十周年」「野辺山旧石器研究五十年」等々といった具合である。私自身も四十年余の大学勤めをやめ、旧慣上では「古稀」という七十歳の節目であった。こんなことが偶然重なって、いままで見ようとも思わなかった古い記録や文献、自分の幼い頃からの日記までもひっくり返して見るという機会が多かった。

そんな日々を過ごしていた七月十日、佐原真さんが死んだ。彼は生まれは半年先輩だが私とは同じ歳。私は中学一年生からだが、彼は小学生から考古ボーイで、これも私よりは先輩。しかし大学に入ってから後は、通う学校はちがっていたが、また学ぶ対象も多少ずれていたが、なにくれとなく話し合い、助け合いして研究や学会での活動を一緒にやってきた。いろいろなことで、というよりは、多くのことで意見は一致することが多かった。よくいわれる「親友」

とか「朋友」などといった人間関係やしがらみはないが、私は彼をほんとうの友人の一人として尊敬し、親愛の心をもちつづけてきた。

その一番のきずなは、彼は彼なりに、私は私なりに、戦後日本考古学のあらゆる可能性に青春をかけて、彼は一滴の酒も飲めずに真面目に勉強も研究もし、私は大酒を飲んでかなり道草を喰いながら、しかし二人とも一生懸命に考古学のみちを走りつづけてきたという信頼感があったからだと、私なりに勝手な解釈をしている。

その佐原さんが死を間近に控えた病床で、旧石器発掘捏造事件について次のように語ったと、毎日新聞の記者が伝えている。

「……日本近代考古学の出発点以来の大きな罪を、日本考古学が犯してしまった。協会が罪を犯したんじゃないですよ。学問が犯したんです」

佐原さんのこの短い言葉の中で、「学問が（罪を）犯したんです」という一言が、私には重く心に響く。いろいろな想いがこめられているのであろう。そして近代以来の日本考古学史の前半とはくらべものにならないほど、質・量ともに発展した後半の学史、すなわち戦後日本考古学の中で、五十年余にわたる長い間、座を置いた佐原さんには、私も同じことだが、深い反省と、それ以上に悔いても悔やみ切れない、口惜しさと怒りがあるのだと私は思う。

佐原さんといまやそのことを話し合う機会はない。しかし「僕たちの考古学には夢があったよなあ」と佐原さんはいうにちがいない。「そうだよ、学問するこころといったものがあった」と私は応えるだろう。

＊

夢があり、こころがあった筈だと過去を考える時、私には幸いなことに、考古学を知りはじめての幼い頃から、ごくごく身近にいて、考古学への夢と学問するこころを、自らの生きざまを通じて、自然に私に教えてくれた素晴らしい先輩と、それを育てた豊かな地域があった。その原点に帰って、私の考古学は何だったのかを見つめ直したいと考えた。

そのことについて、折々に書きとめたいくつかの文章もある。いま、あやうげな記憶で新しい文章を綴るよりも、その時々の気持ちを込めて書いたものを通読してみることも、〝自分史〟を書き下ろす前のステップとして必要だと自己流に解釈して、本書を編むことにした。

私を育ててくれた、先輩たちの学問のこころを、読者のみなさんも読みとってほしい。

第一章　考古学との出合い

本物の歴史が畑にころがっている

私と考古学の出合いは、太平洋戦争の敗戦直後、旧制諏訪中学校一年生の時（一九四五年）である。その当時、私たちに歴史（当時は「国史」）を教えていた教師は牛山秀樹という先生で、長野県下で名の知られたすぐれた郷土史家であった。そしてかつて栄光をたたえられた「信州教育」を地でいくような教師で、戦時中も勇ましい軍国調の教科書を使った授業を受けた記憶はあまりなく、郷土史の蘊蓄《うんちく》を傾けた名調子の話が、全校生徒の間で評判であった。

敗戦を迎えた最初の日本歴史の授業は、よく話題になるように、教科書の墨塗りから始まった。当局、学校の指示、いや占領軍の命令だから、仕方なくみんなやらせたのだろうが、「自由人」牛山師はこういう形式的なことが大嫌いな人間である。しばらくすると「オイ、みんな、こんなつまらねえことは止めにして、裏山の畑に出てみろよ。そこに本物の歴史がころがっているはずだ」とよびかけた。

もとより生徒たちは暗い教室より、広々とした野外の方がよっぽど好きだ。みんな筆を投げだして外にとび出した。裏山といっても、校舎の続きのようなすぐ近い場所だった。畑に入ると牛山師がたちまち何か拾いあげて、それをみんなに見せながらいった。

「こんな赤茶けたかわらけのようなものや、黒いガラスのような石のかけらがあったら、何でもいいからみんな拾ってこい」と。

四十人ほどの生徒たちは「地見屋だ!」などとさわぎながら、十五分もたつともう手に持ちきれないほどの土器や石器を集めてきた。畑の真中で牛山師の独特な節まわしの説明がとうとうとして始まる。

「こりゃな、おめえたち、ええ（非常にの意）昔の先祖様が使った土器の破片で、考古学ちゅう学問の上で、アイヌ式土器っていうだ。そしてこっちは太陽の鼻くそともいう黒耀石で作った矢尻だ。こりゃ大事なもんだ」といった調子の野外講義がいつまでも続いた。

私は自分で拾った大きな縄文土器片を手にして、それをじっと見つめながら、全身をつき抜ける何ともいえない感情のたかまりをおさえて、牛山師の話にひきつけられていった。

その日の放課後、私は二、三人の友人をさそって、また裏山の畑に行った。そしてそれをきっかけとして、何かものに憑かれたように、私たちの仲間は諏訪盆地のあちこちをほっつきまわるようになった。

ある時、私たちは集めた土器や石器を、学校のカバンにいっぱいつめて、それを牛山師に見せるため、突然師の家をおそった。師はあまりに多い収集品にちょっとびっくりしたようだったが、いいことをしたといってほめてはくれなかった。それまで、考古学の魔力にとりつかれて、学業をおろそかにした卒業生のこと（八幡一郎・藤森栄一先生などもそういう生徒だったかもしれない）が、ふと頭の隅をよぎったのだろうか。牛山師のようなすぐれた郷土史家でありました教師でも、まだ考古学は評価に値する学問とはみていなかったのにちがいない。

やや不本意な私たちの気持ちを察したのだろうか。お茶をごちそうしてくれた後、牛山師は一言「教育会が昔に出した『諏訪史第一巻』という本には、考古学のことがたんと書いてあるぞ」と教えてくれた。

その後、考古学のことで牛山先生とは話をした記憶はない。そして藤森栄一先生と出会うまでには、まだしばらくの月日がある頃のことであった。

『諏訪史第一巻』の思い出

『諏訪史第一巻』ってのはどんな本なんだろう。戦争中の疎開のごたごたで、学校の図書室も整備されていなかった。公共図書館が公開されるなどといった世情でもなかった。クラスの友人たちにたずねようもなかった。

ところがある日、小学校から親しくしている友人の家に遊びに行った。彼は大きな生糸の製造工場（製糸家）の御曹司で、家は近隣に名の知れた大きな邸宅である。いつもは入ったことのない彼の父の部屋にはじめて入った。そして大きな書棚の中に『諏訪史』の背文字が輝いて見えるではないか。それは考えてもみなかった、それまで辞典でしか知っていなかったような、分厚くて大きな本だった。私は思わずガラス張りの戸に手をかけて、その本を引き出そうとした。すると友人が「その本棚の本は父に叱られるからダメ！」とささやいて、開けかけた戸をぴしゃりと閉めてしまった。くやしさと悲しさが胸につきあげたのを覚えている。

それからしばらくたって、またその友人の家に遊びに行った。おやつを食べながらだべり合っている友人の部屋へ、めずらしく彼の父が入ってきた。しかも両手に大きな本をかかえていた。前のことがばれて小言をいわれるのかと一瞬緊張した。しかし品のいい、そしてものすごくインテリジェンスなその紳士は、本を私の前に置くと「戸沢君はこんなむずかしい本を勉強するの？　感心だね。借してあげるから大切に使ってください」といってにっこり笑って部屋を出ていったのだ。

それから以後、私はどんな行動をとったか全く覚えていない。家に帰ってすぐ頁を繰ったことは事実だ。まだほとんど読まれた形跡のない新品同様の本で、ところどころ袋頁があって、それをていねいに切って頁を追ったほどだった。後で知ったことだが、『諏訪史第一巻』は並製本で定価七円五十銭。一九二四年（大正十三）当時、この定価で購入できる人はごくわずかで、発行した教育会は莫大な在庫と負債をかかえピンチにおちいったという。その当時、諏訪地方の資産家である多くの製糸家や醸造業者などが、先生たちを助けようとはかって、みんなで本を注文したのだそうである。『諏訪史第一巻』はこうして多く資産家の書棚や蔵におさめられた。しかしそのことがまた、そうした資産家の中に考古学の愛好者や理解者を生んだのも事実である。

それはともかく、思いもかけず自分の手にした『諏訪史第一巻』の後日譚……。実はその本はいまも私の手元にある。大切に扱うようにといって渡された本だが、私はしばらくは毎日のように頁をめくり、一通り読んでからは折りにふれて、時にはカバンに入れて遺跡にまで持ち出して、実によく使った。当然（?）、表紙やケースはいたみ、頁はうすよごれ、つい誤って傷をつけた頁もある。半年近く借りているうちにだんだん返しにくくなってしまった。そのうちにどこかから新しいのを手に入れて返せばいいと思うようにもなった。友人からは返却請求もない。

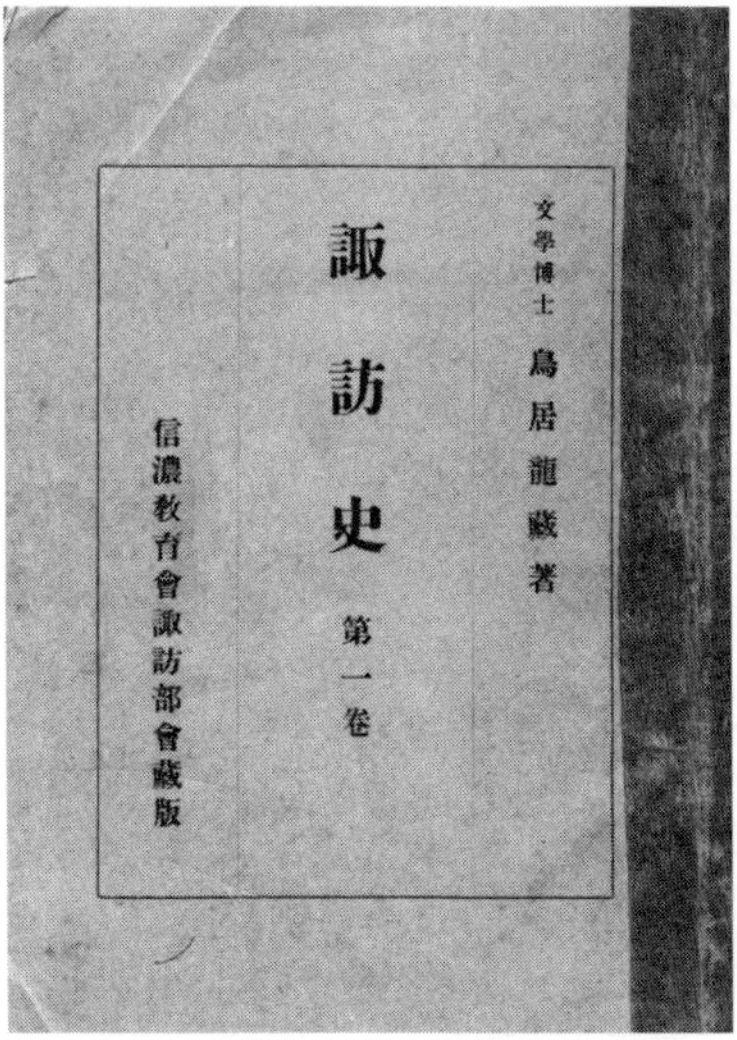

使い古された思い出の『諏訪史第一巻』

数年がたち、やがて彼も私も高校を卒業して大学に入り、卒業後間もなく彼は一流商社の幹部社員になって結婚した。その結婚式の席上、十年ぶり以上で彼や彼の父親と再会した時、私は真っ先に、借りた本の不義理をわびた。すると二人は「あなたが考古学者の道を歩みはじめたことを知って、あの本をさしあげたことは、私たちにとって、とてもうれしいことだと、ずっと以前に話したことがあるんですよ。これからも大事に持っていてください」といってくれたのである。それからもう三十年以上もすぎた。こんな〝歴史〟をもつ『諏訪史第一巻』は、いま私にとって改めて最も重要な本になりつつある。

地域に密着した考古学へ

『諏訪史第一巻』の内容と特徴については、細かくふれたいことがたくさんあるが、それらは別の機会にゆずりたい。

話はまた元にもどるが、いまのように読むべき考古学書が氾濫していて、結局ろくに何一つ読めない現状とちがって、私の中・高校生の頃、あの敗戦直後の困窮の時代には、考古学の本など何一つなかった。私は幸い、間もなく藤森栄一先生を知り、先生の本を自由に読ませてもらうことになるのだが、しかしそれにしても『諏訪史第一巻』は最高の考古学の教科書であり、最大の概説書だった。

生まれ住んでいるその土地の、家からほど近い畑から、すばらしい縄文土器が出土し、その出土状態が迫力のある写真で『諏訪史第一巻』にのっているのを見れば、じっとしていられるわけがない。しかもその遺跡や出土遺物について、学界最高権威がわかりやすい説明（明治・大正時代の考古学書の論文・文章は、決していまのようにむずかしくはない！）が加えられ、何も知らなければ〝ただの畑〟にすぎない土地が、学術的な聖地であり、歴史の生きた舞台であることを知ると、何ともいえない感動と夢がいっぱいに身体をかけめぐったものである。

やがて藤森先生の諏訪考古学研究所の専門書をたくさん読み、そして大学に入って専門的に勉強を始めると、『諏訪史第一巻』はいかにも古めかしく、だんだん目を通す機会も少なくなっていったが、諏訪地方全体の考古資料の確かな集成・記述といえば、おそらくいまでもこの本しかないのではないかと思う。だから信州の仕事に関係する論文などを書くときは、必ず机の上に古びた重い『諏訪史第一巻』が登場するのはいまでも変わらない。それほどだから『諏訪史第一巻』のどの辺どの頁にどんな図があり、また鳥居博士一流の文章でどんなことが書かれているかは、記憶力急減退のこの頃でもすぐに想い出す自信がある。こうして『諏訪史第一巻』は私の考古学の血となり肉となって、身体の中にとけこんでいるといえばおおげさな表現だが、決してうそではないと思う。

ところで数年前のことだが、諏訪教育会の中でまだ活動を続けている「郡史編纂会」の代表者である先生から連絡があって、このたび、資料的に古くなった『諏訪史第一巻』を、全面的につくりなおす計画が具体化したので、指導をたのみたいという話があった。

以前から考古学における「地域研究」の重要性を説き、最近はその実践の具体化を展望する中で、「考古地域史」の確立をいい出した私にとっては、新しい『諏訪史第一巻』の作成は、まさに生涯を通じてなすべき勉強の終着点をあたえてくれたようなものだ。

もし実際にそれが可能になった時は、鳥居・八幡両先生以来の日本考古学史が蓄積した、学問的成果のまとめを十二分に果たすことを目標にするのはいうまでもないが、もう一つの目標は、幼かった私の考古学への夢を、私の小さな五体の中で沸き躍らせたあの古い『諏訪史第一巻』のような、いやそれ以上に地域の人びとと日本民族の将来に一つの展望をもたらせるような、新しい『諏訪史第一巻』をつくりたいと、ひそかに情熱をかき立てようと、いま努力している。

（一九九三年）

第二章　永遠のかもしかみち

——こころの灯をともした藤森栄一のひとと考古学

かもしかみちを行こう

——一九四六年（昭和二十一）七月、藤森栄一、南方戦線より復員。故郷諏訪で病躯を憩《いこ》う。
同年十二月、『かもしかみち』初版、葦牙《あしかび》書房より出版。

その時、私（戸沢）は諏訪清陵高校併設中学校の二年生。太平洋戦争敗戦の年（一九四五年）、学校の裏山の畑ではじめて縄文土器を拾って、考古学に出合った感動の余韻で、行くあてもなく、しかし夢中になって遺跡をほっつきまわっていた頃のことである。

いま私の手元には、一九四七年（昭和二十二）七月一日発行の『かもしかみち』再版本がある。用紙は、いまではどこでも作らない、たとえ作っても誰も使わないような粗質のザラ紙で、表紙にしても、同じザラ紙を二枚貼り合せて、ようやく体裁を整えたといった、見るからに貧相な本である。もう半世紀の星霜を経て、全頁すっかり黄ばんでしまった私の持つこの本の裏表紙に、「一九四七、七、二三」という日付と私の署名がある。その日は、私が『かもしかみち』と、その著者である藤森栄一先生に、はじめて出会った忘れ得ぬ日である。

藤森先生が店主をしていた古書店「あしかび書房」は、間口は二間の狭い店だった。うず高く積まれた本にかくれて机があり、その奥にベレー帽をかぶった店主が座っていて、代金を受けとり、『かもしかみち』に粗末な包紙をかぶせて渡してくれた。

『かもしかみち』再版本（1947年）

ほんとうはその時、私は先生に声をかけたかった。それ以上に先生から声をかけてもらいたかったのだと思う。しかし私の口からはついに一言も言葉は出せなかったし、先生も何もいわなかった。ただしばらくの間、じっと私の眼をみつめていたような気がする。渡された本を手にすると、私はぴょこんと軽く頭をさげて、とび出すように店を出た。

前の年の秋、学校の裏山の畑で、石器や土器に魅せられた私と二、三の友人は、その後も、ものに憑かれたように、諏訪郡内の山野や畑を歩きまわった。永いこと考古学なんぞ全くかえりみられなかった時代が続いていたため、その頃はどこへ行っても拾いきれないほどの石器や土器が散乱していた。畑の隅の石塚をひっくり返せば、大きな石皿《いしざら》や石斧《せきふ》がごろごろと転がり出た。土器片などはきれいでめずらしい文様のついたものだけ選んで採集したほどだった。

いつのまにか私たちの採集品は、狭い家の中に持ち帰って置くことのできないほどの量になりつつあった。家族からはきたないの、じゃまものなどといって白い眼で見られる。それ以上に、集めた本人たちが、こんなものを集めるだけで何の意味があるのかわからなくなっていた。考古学って何だ、土器や石器からどのように歴史を読みとるのか、全く無知な頃のことだったのである……。

買ったばかりの本を手にして店を出てから、通学の列車の中で、また家に帰ってから、私は『かもしかみち』をどのように読んだのか、はっきりした記憶はない。いまにして思うと本の内容そのものは、考古学の「コ」の字も学んだことのない、また戦争中にほとんど読書らしい読書をした習慣のなかった中学二年生の私には、かなり高度でむずかしかったはずである。

しかし、巻頭の短い序文として書かれた文章は、その頃、迷える羊のように何一つ先が見えなかった幼い私の心を激しくゆさぶった。

かもしかみち
―私の考古学手帳から―

深山の奥には
今も野獣たちの歩む人知れぬ路が
ある。ただひたすらに高きへ高き
へとそれは人々の知らぬけわしい
路である。私の考古学の仕事はち
ょうどそうしたかもしかみちにも
似ている。

昭和二十一年十月二十三日

藤森栄一

自分の手のひらにのせた一片の縄文土器から伝えられた、あのしびれるような新鮮な感動を忘れまいと、夢中で山野や畑を歩きまわって、手当たり次第に土器や石器を拾いつづけてきたのは「ああそうなんだ、自分もかもしかみちを歩きはじめたのだ」と、自らに言い聞かせつつ、何度も何度も、この短い文章をくり返して読んだ。そして、本気で考古学という学問を学ぶんだと、燃えるような気持ちで心に誓ったのを覚えている。

この頃、私と同じように考古学に夢と可能性を求めた、多くの中学生や高校生が全国にいた。「戦後考古ボーイの第一世代」などと称して、現在でも学界の第一線で活躍している学者がいっぱいいるが、それらの多くの人びとが、自分たちの世代の考古学の青春を語る一つの共通のキーワードとして、かもしかみちがある。

一九六七年、『かもしかみち』の新装版（学生社）が出た時、その「あとがき」の中で藤森先生は初版発行の頃を回想して次のように書いている。

「『かもしかみち』の初版は、昭和二十一年十二月五日に発行になった。……自分の書き捨てた雑文集を、自分でやっている店から出そうというのだから、おもはゆかったし、そうとうな勇気がいった。……ところが、すごい反響がかえってきた。〝かもしかみちを行こう〟とか、〝小沢半堂になりそうだ〟というような言葉もはやり、四国や山形から、私にあいにきてくれた若い人もあった」

私は先生の地元に住んでいたから、遠くから逢いに訪ねていく必要はなかったが、「かもしかみちを行こう」と決意してかなり後になってから、〝近くて遠いはるかな人〟であった藤森先生に近づき、本格的に考古学の道を進む機会を与えられた。私の人生の中で、一番幸せなこ

「諏訪考古学研究所」の一日。1950年、金沢村（現茅野市）芥沢遺跡で、中央・藤森先生、右・松沢亜生さん、左・戸沢。

とだったと信じている。

こうして私は高校生の三年間と卒業後の一年間、藤森先生と一緒に「諏訪考古学研究所」の看板を掲げ、先生のやる遺跡の発掘や論文の執筆を手伝い、その間に先生が経営する書店の店員なども経験し、夢多き実り豊かな青春を過ごした。『かもしかみち』に描かれた〝藤森栄一の世界〟が、だんだん鮮明な姿で見えるようになってきたのは、私の考古学の勉強が少しでも深くなるのと、歩みを同じくしているようだった。いや逆にかもしかみちを自分で歩むことによって、考古学の世界が広がってきたというのがほんとうだろう。

かもしかみちを遡る

——一九二九年（昭和四）三月、藤森栄一、諏訪中学校卒業。以後、家業のかたわら、諏訪郡内、長野県内の遺跡・遺物を調査し、報告・論文など精力的に書く。

——一九三二年（昭和七）六月、上京し、はじめて森本六爾氏と逢う。

——一九三六年（昭和十一）一月、森本氏の死を枕頭で送った後、大阪に出て、坪井良平・小林行雄氏等とともに、東京考古学会の事業に参画。この間、みち子夫人と結婚。

——一九三九年（昭和十四）三月、東京に転居。『考古学』『古代文化』の編集を担当。

——一九四二年（昭和十七）一二月、召集を受けて入隊。中国・フィリピン・ニューギニア・ボルネオなどを転戦。


『かもしかみち』の元の形（初刊本）の内容は、その「あとがき」ともいえる「病牀読校」を除けば、すべて戦前に書かれた。執筆年代は二十三歳（一九三四年）から三十一歳（一九四二年）までの間で、それはいうなれば藤森先生の文字どおり青春の記録といってよい。

藤森先生は諏訪中学校在学中から、早くも考古学に対する異常ともいえる情熱と、すぐれた才能を示した。しかし地方では老舗《しにせ》といわれた文具・書店の長男として、店を継ぐ運命にあった。中学卒業と同時に家業に従事することになる。燃えるような考古学への憧れと、本屋の店員という日常生活の板ばさみの中で、藤森少年は日夜苦悩することになる。後に当時を回顧した藤森先生自身の言葉を借りれば、「ぐれた生活と私の考古学とはいつも別々に行儀よく並行し、相犯することはなかった」(「病牀読校」)という。

中学卒業後数年間のこの青春の苦悩こそ、「ただひたすらに高きへ高きへとそれは人々の知らぬけわしい路である」という、あの『かもしかみち』の冒頭の叫びを生み出す基盤になったものだと思う。

雑誌『考古学』への論文発表を契機として、藤森先生は森本六爾氏の人間と学問に強く傾倒していく。そして森本氏の死後、同じ東京考古学会の同人であった坪井良平・小林行雄・杉原荘介氏等を頼って、大阪にそして東京にと居を転々としながら、中央の学界活動に文字どおり奔命《ほんめい》する。しかし中央の学界活動といっても、アカデミズムの権威や安定した地位を得た学者とは全く縁のない、在野の研究者として、ただひたむきに考古学に殉ずることだけが、藤森先生の夢をつなぐ〝かもしかみち〟だったのである。

「……ひどい懊悩《おうのう》のうちに自分から考古学の鬼と称して、家庭生活も、そのころまだ新妻だった家内をも犠牲にする有様で、大阪の会社員生活はこうしてしだいにゆきづまりつつあった」（「病牀読校」）と、藤森先生は戦前の大阪（そして東京）時代の生活を回顧している。

このように、『かもしかみち』の多くの文章は、藤森先生の前半生を彩る、学問への激しい情熱と、生活のための苦しいたたかいの狭間《はざま》で書きつづけられたものである。それゆえその中に描き出されたものは、ただ単に考古学上の事実やその個別の成果ではなく、人間と学問が一体となった哲学とロマンの世界であったといわなければならない。藤森先生が『かもしかみち』は私の原型だといい、戦後の混乱の中で第一世代の考古ボーイたちが「かもしかみちを行こう」と心の中に叫んで、一心に考古学の可能性を信じようとしたのは、まさにその哲学とロマンではなかったろうか。

たびたび引用した「病牀読校」（『かもしかみち』初刊本のあとがき）には、藤森先生自身の筆で、それぞれの作品が書かれた背景や、著者のその時の気持ちなどが、青春時代の回想もまじえて、実に見事な解説が加えられている。ここで改めて私の解説などは不要なことだと思いつつも、私なりに、藤森先生の『かもしかみち』の軌跡を辿ることにする。

『かもしかみち』の故郷。左奥に八ヶ岳とその山麓、手前に諏訪湖と盆地を望む。画面中央の市街地が藤森先生の生まれた上諏訪町（現諏訪市）。

「古道雑聚」（一九四一年）と「山と先住民とその子たち」（一九三四年）は、執筆年代が十年ほどもへだたっている作品であるが、藤森先生の最初の著書の表題となり、また藤森先生の学問と生き方の表徴ともなった「かもしかみち」という言葉が、その作品群の一つから選ばれたことからもわかるように、この本の導入部を構成するのに、まことにふさわしいエッセイである。藤森先生は少年時代から山歩きやスキーが得意で、自然を愛し、地形や地質、動物や植物を細かく観察した。この二編の作品にはそれがよく活かされている。何気なく深山の奥に残された一筋のけもののみちを発見し、そこを歩いた獣やそれを追った人間を想い、さらに歴史を感じて、自分の生きていく道を考えるという感性は、おそらくエッセイという表現形式の真髄に迫る要素の一つであろう。しかしそれをよくなしうる才能というものは、そうざらに誰もがもてるものではない。そうした感性や才能が、高原の峠道でふと眼にとめた一片の土器に、それを背負って旅をした縄文人の姿を追憶する発想につながり、「人間の考古学」「人くさい考古学」といわれる、その後の藤森先生の学問につながるという点もみのがせない。

「九州廻記」(一九三六年)、「山口をおもう」(一九三七年)、「信州尖石行」(一九四〇年)、「遠賀川日記」(同年)の四編は、藤森先生が東京考古学会の一員として、大阪でそして東京で学会活動に参加していた頃の紀行文である。とくに読む人の心をとろけさせるような、郷愁と感傷の言葉に多く彩られた「九州廻記」などは、前にも書いたように、戦後間もなく『かもしかみち』に接した、多感な青春を迎えていた戦後考古ボーイの中・高校生に、弥生土器を求めて一人九州を旅する藤森先生と自分たちを重ね合わせ、考古学の可能性とロマンを深く印象づける名篇であった。

「あの頃の考古学」(一九三八年、原題「弥生式土器聚成図録の生い立ち」)は、藤森先生が生涯を通じて、いちばん敬愛していた二人の考古学者、森本六爾氏と小林行雄氏が中心になって進めてきた、弥生時代文化研究にまつわる凄絶ともいうべき情熱と師弟愛(友情)を、藤森先生の二人に注ぐ温かい愛情をこめて書いたエッセイである。研究の途中で、夫の考古学のためにすべてを捧げてきたみつぎ夫人を失い、やがて自らも若い生命を病のために絶つ森本氏の苦難の描写などは、鬼気迫るものがある。そしてその記録は先のいくつかの紀行文などとともに、戦前の日本考古学史の中で、最も生彩あふれた研究活動の記念碑を残した、在野の学会、東京考古学会の生きた学史の一コマともいえる。

人間の一生にとって、人との出会いがいかに大切なものかを、藤森先生ほどよく知っていた人はないかもしれない。『かもしかみち』でも、それ以前の文章、また以後の著作の中でも、さまざまな人物が登場する。そうした人びとは先生のこまやかな心づかいや思いやりのある筆致で、それぞれの境遇でひたすらに一生懸命な生きざまを読者に訴えてくる。

「小沢半堂のこと」（一九三五年）に書かれた小沢広太郎もその一人である。とくにあり余るほどの才能や学識をもちながら、華やかな学問や社会の舞台に上がることもなく、いつしか忘れ去られていった人びとへ注ぐ藤森先生の愛情は、この種の人物評伝を単なる評伝では終わらせない、大きな人間愛の結晶として、多くの先生の作品に輝きを与えている。

「読書雑感抄」（一九三九年）にまとめられているいくつかの書評にも、ひたむきな仕事とそれをなしとげた著作者への、謙虚で温かい愛情が読みとれて、書評の枠をはずれたエッセイとなっている。

「脚のない古代史」（一九三七年）と「南薩摩の神々」（一九四二年）の二篇は、学問も思想も生活も、日本人からすべての自由がうばわれていた、あの敗戦前の暗黒の時代に、よく活字になって発表されたものだと、藤森先生自身が後に回想しているほど〝危険〟な文章である。当時の皇国史観一辺倒の古代史研究に対して、それは脚のない、つまり幽霊のような、架空のうそで固めた古代史であり、やがてそれは日本民族を亡ぼすことになると喝破したのだから、その勇気ある発言には驚かざるをえない。そして戦後五十年を迎えたいま、考古学を通して真実の古代史、日本歴史を知ることこそ、民族の将来を見通すことのできる基礎であるとする、五十年前の藤森先生の叫びを、いま私たちが改めて共通の認識とすべきことだと考える。

かもしかみちは続く

——一九六四年（昭和三十九）八月、『銅鐸』を学生社より出版。毎日出版文化賞を受賞。

——一九六七年（昭和四十二）七月、『かもしかみち』新装版、『かもしかみち以後』あいついで学生社より出版。

——一九七一年（昭和四十六）二月、『心の灯』筑摩書房より出版。サンケイ児童出版文化大賞を受賞。

「諏訪考古学研究所」が置かれた、崖の中腹の藤森先生の家。「春愁の暦」の時を送った。人物はみち子夫人と四女路代さん。（1950年頃）

南方の戦線（ボルネオ）から復員した藤森先生の肉体は、満身創痍《まんしんそうい》といおうか、全身病巣というべきか、とにかく重いマラリア病で痛めつけられた内臓の欠陥は、後半生の藤森先生を病苦から解放することはなかった。

新装版の『かもしかみち』発行の時に加えられた「春愁の暦」は、復員直後のおそらく藤森先生にとっては、最も苦しい、人生の岐路に立たされた時のことを回想した日記である。そこには読んでいる読者が焦りをおぼえ、もどかしくなるような、藤森先生の深い愁《うれ》いの心がにじみ出ている。戦後の考古学界は東京でまた京都で、いまや新しい時代の脚光を浴びて、それこそ全国で激しい動きを始めている。それなのに自分は病床から離れられない。それはまさに藤森先生にとって「人生で一番遅い春を待つ気持ち」だった。

しかし、みち子夫人や幼い子どもたちの温かい心とはげましが、つねに身近にあった。そしてすこし前に本になった『かもしかみち』の多くの読者から、「かもしかみちを行こう」という大きな反響が聞こえてきた。こうした「春愁の暦」をめくりきった時、藤森先生の新しい時代が始まったのである。「少年時代から一筋道を歩んだということは、好きな道であったというだけで特別の価値はない。しかしカムバックできたということ、これは私にとって最大の仕事だったと、本当にそう思います」という言葉は、自身で語ったその転機についての意義である。事実、その後しばらくの時期を経て、『かもしかみち』を原型とする〝藤森考古学〟の成果が、信州の地を基盤として怒濤のように、堰を切って全国に流れ出すことになった。

毎日出版文化賞の栄誉に輝いた『銅鐸』から数えて、死を迎える一九七三年までの十年間に、藤森先生が出版した単行書は二十九冊、最後の年にも実に五冊の本を出し、なお未完の原稿が数本机の上に残された。驚異的な創作意欲、執念の執筆力といわざるをえない。

しかもそれらは書斎に缶詰状態で書き流したわけではない。八ヶ岳山麓で縄文遺跡を掘りつづけて、縄文農耕の実態を追究し、諏訪盆地で古式古墳の調査をして、諏訪古代史の核心に迫り、諏訪大社の考古学的検討を通して、古代史と考古学の結合をはかる等々、実地にもとづく独創的な研究を生み出すために、病身をいとわずフィールドには積極的に出た。それらに関する報告書や論文の数も厖大である。長野県内はもとより、九州などの遠い土地を含めて、研究旅行の回数もきわめて多い。

「かもしかみち」を歩きつづけた藤森先生。(1960年頃)

それればかりでなく、晩年には長野県考古学会長をつとめて、学会活動を率先して指導し、霧が峰のビーナスライン建設に伴う自然破壊をくい止める運動の中心になるなど、多忙で多面的な活動を展開した。

しかしこうした活発な執

筆・研究・学会活動の陰には、日々肉体を蝕む病気とのたたかいがあった。藤森先生の略年譜に記されるだけでも、一九五三年、六二年、六七年、七〇年（二回）、七二年というように、高血圧による卒倒（街路上でのこともあった）が六回も記録されている。

「春愁の暦」を過ぎて、考古学の世界に復活した藤森先生の第二の生涯は、それ以前のあの『かもしかみち』の青春時代のけわしさにも倍する、それこそ生と死をかけたたたかいであったと、いまにして改めて想う。その中から生み出された数多くの著書やエッセイや論文は、読む人の心をとらえ、考古学を学問の世界の手段としてだけではなく、人間の歴史と人の生き方を知る、ロマンと哲学をもった、誰にでも身近な学問であることを強く訴えたのである。

藤森先生が考古学の世界へのカムバックを実感した、その最初の本格的な仕事が『銅鐸』の出版だった。本が完成するとすぐ私のところにも献本が届いた。その扉に自署してくれた次の言葉は、前半生の『かもしかみち』の精神と、その後の藤森先生の多くの著作、旺盛な各種の活動の根源にあるものを、短い言葉の中にすべてをいいあらわしているように思う。

遙けきかつての昔
　人ありて
　　かの人は

ただひたすらに
生きたりき
栄一

より高きを求めるかもしかみち

——一九七三年（昭和四十八）十二月、藤森栄一、心臓発作のため死去。六十二歳。
——一九九五年（平成七）七月、『かもしかみち』（解説付新装版）、学生社より出版。

藤森先生が息をひきとった後、長い間、主治医であり、また自然保護運動の同志で親友でもあった青木正博医博が、「戦地でマラリアに冒された藤森さんの身体は、それ以来、どこが悪いというのではなく、正常な内臓は一つもなかった。よく生きていたと思う」と話してくれた。

それでも、私が見た死顔はおだやかで、微笑をたたえているようにさえ見えた。人生をただひたすらに生き抜いて、「おれは今日まで生きてきて、ほんとうによかったなあ」と、大声で叫んで、幸せにあの世に旅立たれた顔だったと感じた。

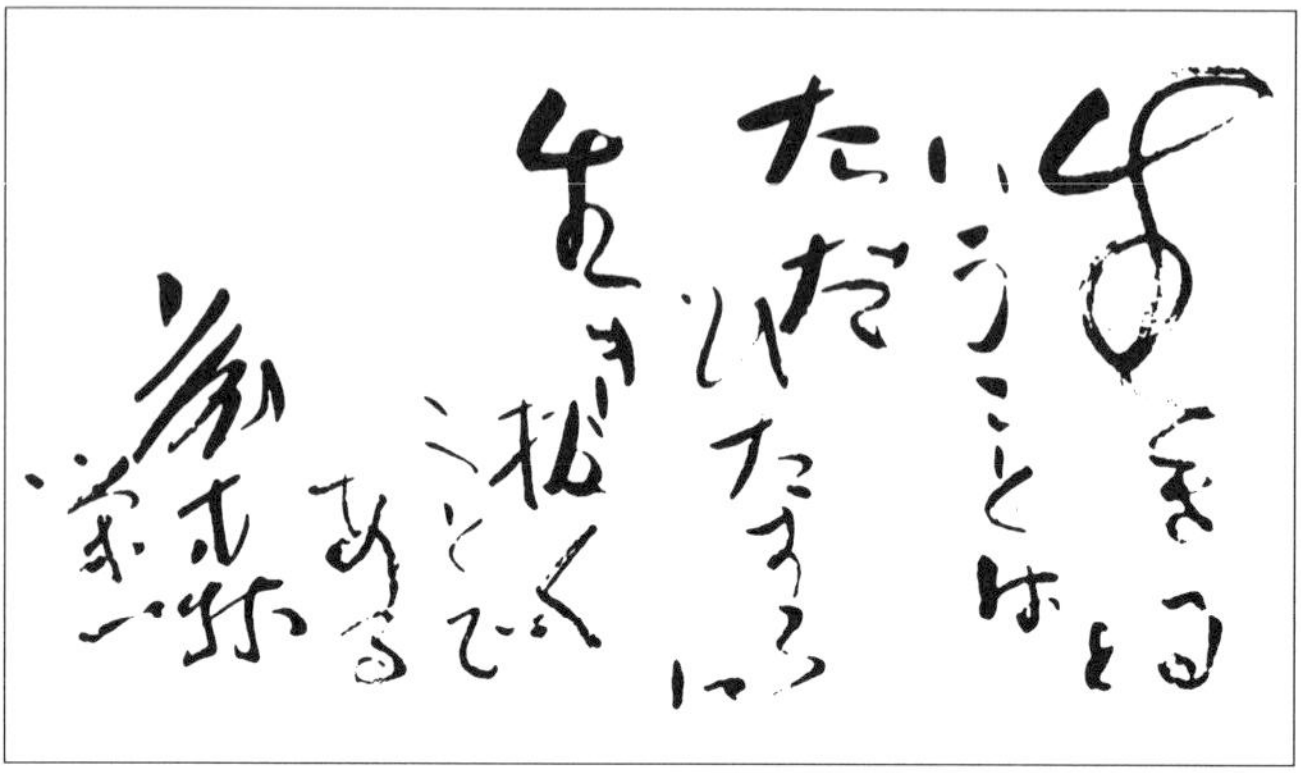

晩年の藤森先生がよく人に贈った自筆の色紙。この言葉が多くの人びとに生きる力を与えた。

こうして藤森先生が世を去って、二十年余になる。たまたま昨今、日本考古学界では一種の〝縄文ブーム〟がおこっている。各地で開発に伴う大規模発掘が行われ、これまでの常識をこえる新発見が続出して、「縄文時代観の転換」「変わる縄文人像」などのキャッチフレーズが、マスコミのみならず学界でも声高に喧伝されている。

そうした常識を破るといわれる最近の発見の一つに、縄文農耕存在の可能性が取り上げられている。想えばこの問題は、一九四九年に藤森先生が発表した「日本原始陸耕の諸問題」が発端となって、以来今日まで、日本考古学における最も重要な論争の一つとなったテーマである。そればかりでなく、戦後は地域研究者に徹し、故郷である信州の八ヶ岳山麓の遺跡や遺物に密着して研究を続け、文字どおり藤森先生の後半生をかけた学説としてまとめた業績こそ「縄文農耕論」であったのだ。

その間、縄文農耕論に対する学界の反応はおしなべて冷たかった。例えば、藤森先生の死の直前に行われたある座談会で、ある高名な研究者は先生に向かって直接、「縄文農耕などまだ十分な追究がなされていないとしかみえないのです。どうも（藤森さんたちは）本気でやっているようには思えないのですよ」と冷たく発言している。もちろん農耕の存在を確実にするためには、栽培植物の遺存体や耕地・農具などが明らかにされる必要がある。その点で実証主義の考古学者には不満があろうが、藤森先生の縄文農耕論では、そうした農耕の存在の実証性はともかくとして、縄文時代が狩漁撈と採集を営む、貧しい原始的な時代であるという、常識的な縄文時代観がほんとうに正しいのだろうかという、歴史観にかかわる根源的な問いかけがあったことを見逃してはならないと思う。

したがって縄文農耕論は、すでに半世紀前に縄文時代観の転換と見直しを迫る、重大な問題提起だったと評価すべきなのである。改めて縄文時代観の転換が叫ばれるいまの時点で、半世紀前の藤森先生の問題提起を、鋭い感性がなせる単なる思いつきの先見性だというのは正しくない。それは「ただひたすらに高きへ高きへとそれは人々の知らぬけわしい路である」ことを知りつつ辿りついた、かもしかみちの学問精神と哲学の一つの到達点であったと謙虚に見直すことこそいま必要である。それはブームとともに消え去るかもしれない最近の大発見と、それにかかわる「縄文時代観の転換」の意義を、かけ声だけで終わらせることなく、真に日本歴史の中に意味のある、縄文時代観の確立の道をひらく、確かな方法論を教えてくれると信じて疑わない。

太平洋戦争敗戦後五十年。その間の日本社会の歩みとともに、いま私たちは戦後の日本考古学史を総括する時期が来たように思う。その時に当たって、再び『かもしかみち』が装を改めて世に出ることになったのは、私個人にとってばかりでなく、いま研究や発掘現場の第一線で活躍する多くの若い研究者、それよりもいま爆発的に数を増やしつつある考古学を愛する市民、さらにこれから考古学を学ぶ後の世代の人びとにとって、たいへん意義のあることだと考える。

日本考古学の直面している現状(危機)を、いまここでとやかくいうつもりはない。しかし幼い心の中に「かもしかみちを行こう」と決めてから過去半世紀、まがりなりにも考古学の道を歩みつづけてきた私からみれば、どんな大きな新しい発見をしても、そのことにロマンや哲学、いや、まずもっと率直に、強い真実の感動をもてないような考古学は、ほんとうの考古学、少なくとも人間の学問とはいえない。ブームのかげで夢も感動も与えられないまま消えていく、遥けき人の生命の証《あかし》がいかに多いことか。それが日本考古学の悲しい現状であろう。

ホームグラウンドとして親しんだ八ヶ岳赤岳への道を行く藤森先生。

解題ともいえない、自分の想いを多く綴った長い文章を書いてしまった。実は藤森先生が亡くなった後すぐ、全十五巻からなる『藤森栄一全集』（学生社）が企画され、その時にも私が、第一巻『かもしかみち』（『かもしかみち』『かもしかみち以後』併載、一九七八年）の解説を書いた。それからもう二十年近くもたつが、その解説の最後のところに、「……いいんだよ。ゆっくり休んでいこう。どんな廻り道だって、人生に無駄だったなんてことは一つもないんだ。一度ともした灯を消しさえしなければね」（『かもしかみち以後』の「あとがき」より）という言葉を引用しながら、私はいままでもそうであったように、藤森先生のその温かさに甘えて、苦しい時も楽しい時も、『かもしかみち』の世界に我を忘れて没入したいと書いて、その解説文を結んだ。

いま、奇しくもこの年で、私は、六十二歳で亡くなった藤森栄一先生の生涯を、歳の数で一つ越えることになる。もう休んではいられない。これまで、私の生きる道を導いてくれた『かもしかみち』を、そして藤森栄一先生の学問するこころを、一日も早く、若い考古学の世代にひきつがなければならないからだ。

（一九九五年）

第三章　遺跡の発掘には感動がある

——地域研究者宮坂英弌のこころ

独力で尖石を掘りつづける

宮坂英弌《ふさかず》先生は信州教育の中の一人の教師であり、すぐれた在野の研究者であった。

若き頃、夢多き青年だった宮坂先生は、人一倍向学心が強く、またロマンチストであった。青雲の志を抱いて遊学のために東京や名古屋に飛び出して、苦学の時期を過ごしたこともあった。そして再び故郷に帰って教職についた彼をひきつけた学問は、考古学だったのである。

一九二二年（大正十二）、『諏訪史第一巻』のための最初の尖石《とがりいし》遺跡の調査が、鳥居龍蔵・八幡一郎氏と諏訪教育会のメンバーによって行われた。地元の教師として宮坂先生も手伝いの一人に加わった。そしてその数年後の一九二九年（昭和四）、当時考古学の宮様として知られていた伏見博英氏が、多数の地元の研究者（両角守一・小平雪人・藤森栄一氏など）や郷土史家、諏訪教育会の教師をお伴にして、尖石遺跡の本格的（？）な発掘を行ったが、その時宮坂先生はそれまでの体験などから、尖石をよく知っている地元の教員として、身近に発掘調査の奉仕に参じたのである。発掘は大当たりでおびただしい土器などが出土したと伝えられる。ここで宮坂先生は完全に尖石のとりことなってしまったのである。

それから後、厳冬の季節を除いて、学校の休日に、尖石で宮坂先生を見かけないことはないといわれるほど、数人の地元の協力者と三人の幼い子どもを相手に、一九四二年（昭和十七）まで十数年間、独力でこつこつと尖石の大遺跡を掘りつづけるのであった。

ちょうどその頃、千葉県姥山《うばやま》貝塚で日本ではじめて竪穴住居址の完掘という実績と体験をもっていた八幡一郎氏が、時おり尖石を訪れて指導し助言を与えていた。こうして宮坂先生の発掘も、最初は土器を掘り当てる楽しみから、やがて住居の炉址の発掘に進み、やがて竪穴住居址の完掘を行うようになり、次第に大がかりに、かつ本格化した。そのことは学界でも注目されるようになり、多くの高名な考古学者や文化人が見学に、そして指導に訪れた。

こうして尖石は宮坂英式先生の意識の中でも、また学界での受けとり方も、日本で最初に明らかにされた縄文時代の集落というイメージが固まってきたのである。一九四〇年から四二年にかけては、ついに縄文集落の全掘を目ざし、若干の篤志家の寄付や援助金のほかは、私財をなげだし、家庭の生活も犠牲にして発掘資金をつくり、当時の考古学の調査では普通には考え

雪をいただく八ヶ岳の峰々。霜柱で凸凹のぬかる道。自宅から30分ほど歩いて、冬の日でも遺跡（矢印）に通った。（報告書『尖石』口絵より）

られなかった、排土運搬用のトロッコを遺跡内に敷設して、大規模な発掘調査を実施したのである。一九四二年、太平洋戦争の切迫した社会情勢の中で、その発掘は中断せざるをえなかった。

しかし尖石遺跡の重要性は十分に評価され、まず国指定の史跡保存地（一九四二年）となり、戦後になって特別史跡としてわが国最初の指定（一九五二年）を受けた。

宮坂英弌先生の尖石遺跡（そしてそれに続く戦後の与助尾根《よすけおね》遺跡）の発掘調査は、先にもふれたように、原始・古代の集落の最初の発掘例であり、考古学における集落研究の原点に位置する、きわめて重要で輝かしい業績であった。そうした評価は日本考古学史の中で、すでに動かないものである。

宮坂先生が尖石に執念をもやして発掘を続けていた戦前、一部の中央の考古学者はそれに注目したが、個別実証主義的研究に沈潜していた学界の大勢は尖石を無視し、縄文時代社会解明の最有力な資料である集落研究は、敗戦後もある時期まで、学界の中心課題として取り上げられなかった。それは一九六〇年代以降の高度成長期の大規模開発で、多くの集落遺跡が学問的意識の有無にかかわらず、破壊を前提として掘りかえされるようになった以後のことになろう。

そうした状況の中で、私財までなげうち、ただひたすらに十年余の間、独力で尖石の縄文集落を掘りつづけた宮坂先生の努力は、日本考古学界全体の力をはるかに超えるものがあったといわざるをえない。それは宮坂英弌という個人のひたむきな情熱もさることながら、地道な長期にわたる仕事を続ける粘りをもつ、地域研究者の資質と特性に根ざすものであり、それ以上に、学界的な常識や先入観に冒されないというか、生きた地域の歴史の中から何かを学びとろうとする、地域研究のもつ創造性に由来するものであると信じたい。それは長野県の考古学、いやこれからの日本の考古学の受けつぐべき伝統でなければならない。


（一九八六年）

尖石から与助尾根へ

「尖石の鬼」

一九四二年（昭和十七）、尖石遺跡は史跡保存地の指定を受け、一切の発掘調査は禁止された。法令の規制ばかりではなかった。

「……大東亜戦争の戦況もしだいに逼迫し、食糧増産のスローガンとともに、桑畑はつぎつぎと掘りおこされ、麦畑やいも畑に変っていった。遺跡の発掘も食糧増産のさまたげになることとして、しだいに不可能となり遺物の表面採集が精一杯であった」（宮坂英弌『尖石』学生社刊、一九六八年）。

この行間に読みとれるように、宮坂英弌先生は戦争中もずっと尖石のことは忘れられず、折にふれて遺跡に足を運んで、掘りおこされた土器や石器を拾い集めていた。

しかし一九四五年（昭和二十）八月、太平洋戦争は日本の敗戦に終わり、混乱と困窮の中でも平和がよみがえった。

「……戦争の終結とともに日本史の研究も科学的になり、学校教科には新しく社会科が設けられ、先生たちも考古学に関心をもつように要求された。このため私はその需要に応じてふたたび発掘の鍬を手にするようになった」(同前)

「昭和二十一年十月二十四日、諏訪史談会で原始文化研究の指導をたのまれたので、この遺跡(与助尾根)を選定し、細野正夫・矢崎孟伯両委員とともに調査した。(中略)十月二十五日には豊平国民学校の学童の助力をえてほぼこれを完掘し、翌二十六日諏訪史談会委員とともに清掃して与助尾根第一址とした」(同前)。

発掘終了後、諏訪史談会では原田淑人博士(当時東大教授)を現地に招聘し、二百名余の教員を集めて講演会なども行っている。戦後日本考古学の出発点といわれる静岡県登呂《とろ》遺跡の発掘開始は、翌年の七月からであるが、与助尾根遺跡で行われたような考古学の研究と、新しい学校教育の結びついた組織的な発掘調査は、けだし日本国内最初で稀有な例ではなかったろうか。

その後一九四八年(昭和二十三)まで、宮坂先生が喜久男《きくお》・虎次《とらじ》・昭久《あきひさ》さんというご子息たちと、数人の村の協力者の力を借りて、営々と独力で掘りつづけた与助尾根遺跡の発掘を、宮坂先生は第一次調査として区分している。この間にすでに六カ所の竪穴住居址を発掘していた。

しかしその三年間に、宮坂家は相次ぐ不幸に襲われていた。

「私事にわたって恐縮であるが、私の糟糠《そうこう》の妻は、（中略）七人の子女を擁し貧苦《ひんく》と闘いつづけながらよく内助につとめてくれた。私が報告書『先住民族の遺跡』の稿を執筆中、戦時中の食糧難の疲労により、一月（昭和二十二年）胃潰瘍で突然吐血し、病床にふしたまま本書刊行の喜びもえずして二月二十七日、五十二歳の短い生涯を一期としておわった。これもまたぜひない運命である。

土器を守る家のうつばり雪雫《しづく》　滝春一」（同前）

不幸はそれで終わらなかった。妻かつさんを失った二年後、こんどは自分の考古学の仕事の後継者として一番期待していた、長男の喜久雄さんの死と直面しなければならなかった。宮坂先生は第一次調査の経過報告の最後に、次のようにそのことを記述した。

「長男喜久雄は、昭和十八年長野県師範学校卒業後、四年間教職にあったが、昭和二十二年考古学研究のため東京大学理学部に一ヶ年内地留学を命ぜられた。帰郷後豊平小学校に奉職中、たまたま病床に臥し医薬の効もなく、ついに昭和二十四年二月二十九日享年二十八歳で長逝した」（同前）

この淡々とした記述に続いて、宮坂先生はただひと言短い言葉で、「私も老の身に将来を託

自宅の縁側に並べられたたくさんの土器。宮坂先生はこれを手にとって、考古学や発掘のことを私たちに話してくれた。戦後まもなくの頃。

旧考古館で子どもたちに石器や土器を教える宮坂先生。先生は永い教師の経験からか、子どもに話をするのが好きだった。

していた。さきには妻に別れ、いままたこの不幸のため悲嘆にくれていた……」と、限りない感慨をこめて悲しみと苦境の気持ちを記し、それに耐えて遺跡を掘りつづけねばならないという決意をほのめかしている。

このように、尊い家族の命を犠牲にするという不幸と悲しみに見舞われながらも、なお与助尾根を掘りつづける意志を捨てず「喜久雄に跡を継がせ、親子二代でこの事業を完成させたいが、のぞみは絶えた。これも運命だ。しかしいかなることがあろうと、私の目の黒い間には完成させたい」（『南信日々新聞』一九四九年二月二十七日）と決意を語ったことが伝えられている。

こうした宮坂先生の悲しみをのりこえようとする考古学への情熱を、当時のマスコミは「尖石の鬼」と呼んで宮坂先生を讃え、与助尾根発掘への社会的支援をキャンペーンすることになるのであった。

苦難をのりこえる与助尾根の発掘

一九四九年（昭和二十四）、その直前に宮坂英弌先生を悲嘆の底につき落とした不幸をのりこえようとするような、与助尾根遺跡での激しい活動が始まる。そしてそれは宮坂先生自身にとってそうであった以上に、戦後日本考古学発展の大事な礎《いしずえ》となり、信州と諏訪という一地域の考古学研究の質と量を世に問う、重要な活力の源となるものだった。
その経過や発掘の成果は、宮坂先生の手になる正報告書『尖石』（茅野町教育委員会、一九五七年）や、その普及版ともいえる『尖石』（学生社、一九六八年）に、正確かつ詳細に記録されている。

後者の著書の中で、宮坂先生は一九四九年前後の与助尾根遺跡の発掘の状況を「高校発掘コンクール」という見出しで紹介している。その当時、諏訪清陵高校の一年生として、宮坂先生のいうコンクールに積極的に参加していた私が、その頃の高校仲間と一緒に作っていた『史実誌』というガリバン雑誌に、「尖石一年の動き」と題する、一九四九年の発掘日誌を掲載している。いまそれを追いながら敗戦後間もない時代に、多くの高校生たちが何を求めて与助尾根へ、そして宮坂先生のもとへ馳せ参じたのかを、すこし回顧してみよう。

その前に、前年の一九四八年秋、私が与助尾根遺跡ではじめて本格的な考古学の発掘を体験した時の、幼い個人的な日記の断片が最近みつかったので、まずそれを紹介させていただくことにする。

「十月二十三日（一九四八年）早朝三時床を蹴る。後は美しい嬉しい夢のリズムに乗って、一日の発掘を終る（詳細は別に記す）。太古さながらの森林の中に、太古さながらに復原された原住民の住居址等、一日を感激のうちに……、血の高鳴りを感じつつ終る。終了後土屋旅館に落ち着き、N、A君とともに宮坂英弌氏の宅を訪れ、時のたつのも忘れて、英弌氏のご子息、東大人類学教室に内地留学生として研究された喜久雄氏と話し合う。本当の研究者らしい先生は落ち着いた口調で、次から次へと話を続けられ、写真や実資料を示されながら興味深い話をされた。特に強調して曰く〝本当に考古学をやるなら、今から徹底的にやっていくこと〟と。この言葉が宿に帰って寝てからも耳に響いてきた。若い研究者らしくこんな話をされる姿が、まただどこか熱情的な立派さを感じさせる。私は先生が好きだ!!(後略)」

幼い日記であるが、生前の喜久雄さんの面影を伝える数少ない記録の一つである。いまにして想えば、この日から四カ月後に宮坂喜久雄さんは世を去った。いや一カ月余り後の年の暮には、再起不能の状態で上諏訪の病院にかつぎこまれていたのである。

以下、高校生の書き残した「尖石一年の動き——一九四九年の日誌」より抜粋して、その後の尖石をめぐる一年の動きを拾う。

「二月二十七日　同日発行の南信日々新聞は、ビッグニュースとして、尖石と共に営々二十年、学のためすべてを捧げ、いままた東大出身の長男喜久雄氏を尊い犠牲に捧げんとしている宮坂英弌氏と、同ご一家の苦闘をとりあげて感激的な記事を寄せ、同時に尖石遺跡発掘を援助せよ

日日新聞　昭和24年2月27日　（日曜日）　（2）

古代文化究明への犧牲

尖石の見える處で私は死にたい

若き學徒、病に倒る

後援會を作ろう

尖石の規模は登呂より大きい

諏訪史談会藤森英一氏談

縣で露店取締り規則を改正

近ごろは

宮坂先生一家と尖石の危機を伝える、当時の新聞記事。（1949年2月27日、南信日日新聞）

との論説をかかげた。

　この記事が発表されるや巷は感激と同情の嵐に襲われ、同日早くも諏訪市の藤森栄一氏を中心とした〝尖石を守る会（仮）〟の設立が伝えられ、援助資金の募金に着手した」

　この日の新聞報道は社会面トップで、〝古代文化究明への犠牲〟〝尖石の見える処で私は死にたい、若き学徒病に倒る〟といった大見出しで報じた。その記事の中には、宮坂一家が尖石・与助尾根の発掘の資金のために収入の大半を費やし、家の雨もりを防ぐ修理費もなく、先に世を去った妻のかつさん、そして喜久雄氏の病気も、食糧不足からくる栄養失調が原因だと記している。そして弟の四男昭久氏は、病床の兄は死の間際まで、私の病気の高い薬代があったら、それを与助尾根（尖石）の発掘にといいつづけて、ついに息をひきとったと、その後もずっと語られている。

また当時の高校生の日誌に戻る。

「二月二十八日　宮坂氏の母校である清陵高校を中心とする学生の活動は、〝尖石を守る会〟の活動とともに特に活発で、清陵高校は学友会全員の賛成を得て、一万円の大口寄付を達成する」

「三月一日　重態を伝えられていた宮坂喜久雄氏は、最後まで〝尖石の発掘を〟と叫びながら、遂に永眠された。唯、哀悼の念のみ」

「三月八日　基金募集は種々の明るい話題を生みつつ益々好調を続け、岡谷東高校学友会の七千三百円の大口寄付を含めて四万円に達した」

「三月十日　当初から微妙な動きを見せていた学界は、日本考古学協会に尖石調査特別調査委員会をおき、宮坂英弌氏をその委員長に推した。然し登呂その他の大発掘事業が決定されているため、本格的な発掘は当分持ち越された」

こうした学界中央の情報がどうして高校生の日誌に書き残されたのか、いまはそのいきさつを確かめようもないが、この前後に協会の委員などが尖石を来訪したことは事実である。しかし日本考古学協会の五十年史などその後の正式な文書には、尖石の特別委員会が設置されたという記録は全く見当たらない。ちなみに同じ年に本格的発掘に入った登呂の特別委には二百二十万円、同年発足した縄文式文化編年研究特別委員会には五十万円など科学研究費が与えられている。尖石は先送りされたまま、いつしか忘れ去られたのだろう。

「三月二十日　基金の募集はその後も好調を続け、一般の熱意ある援助や、二葉高校校友会の四千五百円の寄付などとともに、遂に五万円を突破し、一応所期の目標に達した」

「四月二十日　尖石を守る会は役員会を開き、五月上旬発掘再開の予定と決定された」

この頃までに集められた基金は八万円余の額になっていたと思う。敗戦の中の誰もが貧困にあえいでいた時代である。とくに高校生は個人的にもなけなしの少額の小遣い銭を、私なども何回かに分けて事務局に届けた記憶がある。そうした募金がその後の与助尾根の発掘にどれだけ役立つ額だったのか高校生の私にはわからなかった。ただこれがきっかけになって、また発掘ができるという夢に胸が躍っていたことは、その当時の私日記に、いつ与助尾根の発掘が始まるかという期待と焦りの気持ちが、毎日のように記されていることからもわかる。

青春の夢を支えた発掘

「四月二十四日　宮坂英弌氏は与助尾根地籍の村有未墾地に最初の鍬を入れ、五月十七日までに地元中学生の協力で、第七号、第八号の両住居地を完掘された」

この日の記録はおそらく後から追記されたものと思う。私日記にも毎日与助尾根のことが記されていることからわかるように、発掘のことを知っていれば、少なくとも私はすぐかけつけたにちがいない。しかしその発掘があったことを、私は全く知らなかった。

これはずっと後からわかったことだが、守る会の活動などに熱中した私と友人がいい出しっぺになって、高校生団結しようということで、中・南信の高校の郷土・地歴クラブに檄をとばし、こともあろうに「学生社会科学研究会（仮称）」といういかめしい名の会の結成を呼びかけたところ、戦後の自由と民主主義を標榜する学校教育者も、さすがにちょっと耳をそばだてたようである。こちらは何も思想・政治上の思惑があったのではなく、「郷土・地歴クラブ合同研究会」ではかっこうがよくない、考古学もこれからからは社会科研究の一翼をになうのだからということだったのだが……。

ともかくこのことを機に、高校生の与助尾根の発掘参加も、宮坂先生などの迷惑にならぬよう、各高校で責任と十分な指導と連絡をとってということになったと思う。このことは結果と

与助尾根の発掘にかけつけた高校生と中学生たち。最前列中央右側に腰をおろすのが宮坂先生。その左後ろ、角帽姿の四男・昭久氏、後列右端に藤森栄一氏がいる。(1949年6月4日、第9号住居址)

して、必要以上の心配を宮坂先生におかけしない歯止めになったのではないかと、いまは喜んでいる。

ついでにふれておくが、幻の「学生社会科学研究会」はその後「中南信学生考古学研究会」と名称を変えて発足し、後の長野県考古学会結成の一つの母体になった。

それはともかくとして、四月から五月十七日までの発掘は、そんな高校生の発掘参加をめぐる調整(他の大人の世界の組織上の調整もあったようだが)の期間、宮坂先生の勤める豊平中学校の生徒の協力を求めて、予備調査のような形で行われたものだった。

そうした経過を経て、高校生の側から見た本格的な発掘調査が、六月から開始された。それはまさに宮坂先生のいう「高校発掘コンクール」さながらの様子だった。日誌に記録されているだけでも、六月から十月まで土・日を主に延十数日、参加した高校は諏訪清陵・諏訪二葉・岡谷東・岡谷南・岡谷工・伊那北・松商学園等。他に個人参加の高校生と豊平中、上諏訪中などの生徒たちだ。

そのすべてを紹介するのはわずらわしいので、はじめの六月三、四日の日誌を再録する。

「六月三日　発掘のため前日から現場付近でキャンプした清陵地歴部員を始め、岡工地歴部員など三十数名は、宮坂英弌氏と昭久氏の指揮で、未墾の原野を伐り払い、東西二本のトレンチを入れ、第九号住居址を発掘した」

「六月四日　前日現場一泊の清陵地歴部員と、大挙来援の岡谷工、岡谷東、二葉地歴部員、上諏訪中学校の生徒などは、同じく来山の藤森栄一氏を、宮坂英弌・昭久氏とともに指揮者に加え、午後二時までに第九号住居址を完掘する。楕円形、七柱址の平凡なプランを有する、撤去住居址と思われる。午後清陵が実測」

以後こんな具合で高校・中学校の生徒が毎回多数参加し、多い時には五十名をはるかにオーバーする若人でいっぱいになり、一般の見学者などもいれて与助尾根はまつりのような賑わいを見せた。こんな日のことを正報告書に淡々とした文章の日誌として書いた宮坂先生の記録の末尾には、時々次のような言葉が書きそえられている。

「……南の湿地帯の榛《はん》の木林の下草には、沢尾車草が茎高く黄色の花をつけて、暗い木立を明るくする」

「……この尾根の崖側にアカシヤが茂り、いま花盛りで甘い香りに蜂が群集している」などなどである。

宮坂先生は喧騒きわまりない高校生たちが走りまわる発掘現場で、時には自分一人で幼い子どもたちに手伝わせて、こつこつ、黙々と掘りつづけてきた昔の尖石の発掘を懐かしんでいたのかもしれない。

しかし与助尾根での私たち若い高校生に対して小言一つもらさず、じっと温かく見守っていてくれた。みんながひきあげた後の現場の後始末で帰りが遅れがちだった、高校生の幹事役のような私たち数名を、よく帰途のお宅に誘っては、お茶を出しおやつをいっぱい食べさせ、土器や石器のことも親切に教えてくださった。宮坂先生の書斎兼客間となっていた座敷の縁から見えた、石棒や石皿の置かれた庭に、真白な山百合の花が美しく咲いていたことを、いまでも新鮮な記憶としてしっかり覚えている。

まだ幼かった私たちにとって、与助尾根の発掘は感動の連続だった。そしてそこには考古学への愛に徹した、宮坂英弌先生とご一家の確かなこころがあった。

（二〇〇二年）

縄文集落研究の原点

特別史跡指定第一号

今年（二〇〇二年）は、尖石遺跡が特別史跡に指定されてから、ちょうど五十年目に当たる。本日はそれを記念してのシンポジウムということになっている。

ご存知の方も多いと思うが、尖石遺跡は、太平洋戦争がきびしい戦局を迎えようとしていた一九四二年（昭和十七）に、史蹟名勝天然記念物調査会から「史跡保存地」に指定され、戦後の一九五二年（昭和二十七）に、新しい法律である文化財保護法にもとづいて、文部省から特別史跡の指定を受けた。

ちなみに法文にみる特別史跡とは「史跡のうち学術的価値が特に高く、我国文化の表徴たるもの」と定義されている。尖石遺跡はいまでは全国に五十カ所ほどある特別史跡のうち、数少ない縄文時代の特別史跡の一つだが、それも戦後早い時期に最初に指定された第一号の特別史跡であったということに、私は特別の意義があると考えている。

先ほど引用した法文の中で「我国文化の表徴」というところに傍点を付けておいたが、尖石遺跡についていえばその定義に加えて、「我国歴史の基礎」ともいった言葉を足してもいいと思う。これは戦前の尖石、戦後の与助尾根と続く、宮坂英弌先生による日本最初の縄文集落の発掘の成果によって、神話に代わる科学的な日本民族の歴史の正しさが、国によってはじめて公認されたことになるのである。

その意味で、戦争の時代を否定し、平和を求める国民の歴史観の転換をもたらすのに、大きな歴史的意義をもっていたのだという認識を、いま私たちは改めてもつべきだと思う。

昭和のはじめの頃から、ただひたすらに考古学への情熱を注いで、その後二十年余も尖石と与助尾根で縄文のムラを掘りつづけてきた宮坂先生が、いま私がいったようなことにつながる意識をはっきりもたれることはなかったかもしれない。しかし、やや後年になるが一九五七年（昭和三十三）に、宮坂先生の手になる尖石・与助尾根遺跡の正式な報告書『尖石』（茅野町教育委員会発行）が出版された時、日本考古学協会の藤田亮策委員長（会長）が、次のような序文を

1942年の尖石の発掘風景。長いトレンチのはるか向こう端に二人の人影が小さく見えるが、シャベルを手に土を掘るのはたったの二人だけ。（『尖石』より）

寄せている。

「……八ヶ岳山麓のあの高い高原地帯に、数千年前の石器時代人が早くから集落を作ったことを知り、住居址の群集に、石器の美しさに、また土器の精妙な装飾文様に、最初の日本人の一群がここに栄えた事実が明らかにされた時、まず考古学者が驚いたのである。

しかも宮坂英弌氏とこれを助けた村と学校との、献身的な倦まざる調査と研究とが、遂に日本に於けるこの種の遺跡の最初の特別史跡に選ばれたことは、更に驚嘆すべき事実と言ってよい。恵れた環境にある大学や研究室の学者が、それ相当の仕事をするのは当然と思うが、独力単身の奮闘と山村人の心からなる援助だけで、大学教授も凌ぐ業績を成就したことこそ特筆されねばならぬ」

これは尖石・与助尾根の発掘と宮坂英弌先生の業績に対する、当時の考古学界の最高責任者の発言として、まさに正鵠《せいこく》を得た評価だと思う。大学研究者を凌ぐとまでいわせた在野研究者の努力への尊敬と愛情、地域住民の研究の参加と地域研究への理解など、四十数年前のこの学界代表の言葉を、研究者はもっと重く受けとめるべきだったといまにして惜しまれる。

「尖石発掘昔語り」

宮坂先生の人と業績については、この私の話の後、尖石縄文考古館の館長鵜飼幸雄さんの司会によって、五人のパネラーによる座談会形式の〝昔語り〟をすることになっている。ここでちょっとその方々のご紹介をしておこう。

宮坂昭久さん。英弌先生の四男で、三人のお兄さんともども幼少の頃から戦前の尖石の発掘を手伝い、戦後の与助尾根の発掘は最後まで、縄文集落の全掘に力をつくされた。

小平恭《やすし》さん。宮坂先生と同じように、長く地元の小・中学校の教師を勤められ、自宅が宮坂先生の至近の場所にあったこともあって、生前の先生を最もよく知るお一人。後に尖石考古館の館長も勤められ、宮坂先生の資料・遺品の保存や顕彰に努力された。

林賢さん。戦後の与助尾根発掘では、昭久さんとともに最大最強の協力者となり、宮坂先生を尊敬して、その後先生が亡くなられるまで、先生の考古学の仕事の支えとなった在野研究者である。

伊藤節夫さん。与助尾根発掘当時、南信日日新聞社の記者（その後、信濃毎日新聞記者）として、たくさんの考古学報道に健筆をふるい、藤森栄一氏の下で「尖石を守る会」の事務局を担当された。

そして私も今日のパネラーの一人である。後で五十年前の昔語りをする機会があると思うが、私はいまから数えて五十四年前の一九四八年十月二十三日、諏訪清陵高校一年生の時、はじめて与助尾根の発掘に参加した。その数年前から考古学の〝魔力〟にとりつかれた考古ボーイで、あちらこちらの畑で土器や石器を拾い集めたり、時には盗掘まがいの発掘をしたことはあったが、本格的な学術発掘は与助尾根が最初の体験であった。その当時の幼い私の日記には「太古さながらの森林の中に、太古さながらに復原された原住民の住居址等、一日を感激のうちに、血の高鳴りを感じつつ終る」と書かれているように、その日の感動を忘れられず、その後発掘のあるたびごとにかけつけることになった。私自身、当時の断片的な日記による限り、二十数回も参加している。それが一つのきっかけになって、ついに一生、考古学にのめりこんで、専門家といわれる立場で今日にいたったわけである。

そこでこの後の〝昔語り〟の前座として、すこし固い話になるが、縄文集落研究の上で尖石と与助尾根の発掘が果たした役割、重要性といったことについて、すこし説明をしておきたいと思う。

尖石・与助尾根集落の全体像

考古学史上、縄文時代集落研究の原点に位置づけられた、尖石（与助尾根を含む）遺跡の全体像については、意外と一般の人びとに知られていないと思う。そこでここではまずその全体像の概要を説明しておこう。

次頁の図は一九三〇年から五二年までの間に、宮坂英弌先生によって発掘された住居址と炉址のすべての位置が示された図である。一九八六年に発行された『茅野市史』の記述にしたがうと、完掘された住居址が六十一、炉址だけの発見でまだ住居址としては完掘されていないものが五十四、併せて百十五の住居址の存在が確認されている。

ところで図を見てもわかるように、宮坂先生は全掘を目指して発掘を続けようとされたのだが、戦争や史跡保存地の指定などの事情で中断され、調査ができなかった区域が広く残った。

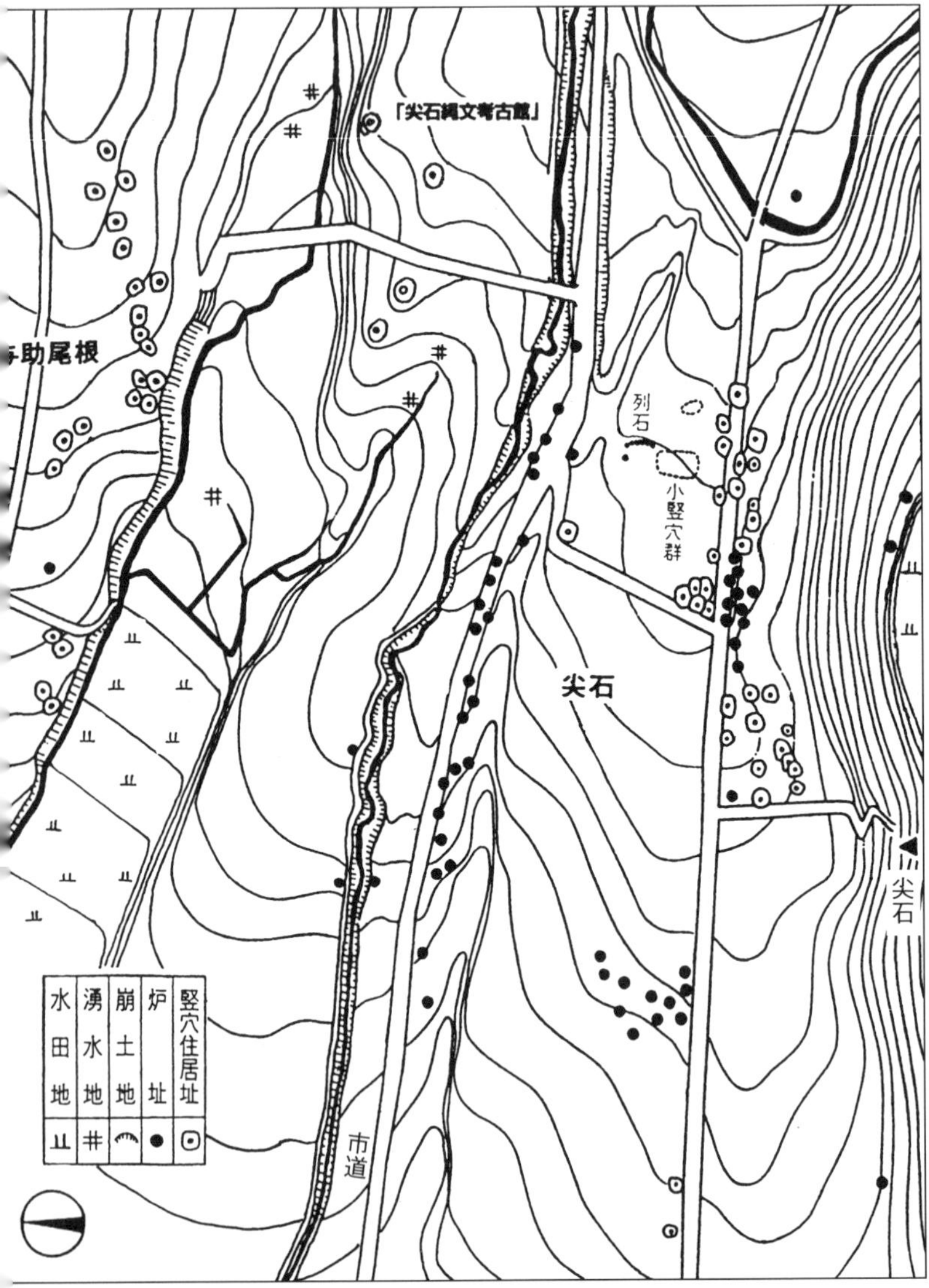

宮坂先生が20年の歳月をかけて発掘した、尖石・与助尾根の集落分布図。(『茅野市史上巻』より)

とくにたくさんの住居址が発見されている西の区域（尖石が立っている場所の傾斜地の上の平地）や、いま東西に市道が通っている北側に広がる台地などは、ほとんど手がつけられてなかった。

実は一九九〇年以来、茅野市は尖石遺跡の保存整備、史跡公園化のための確認調査を始めて、昨年度（二〇〇一年）までに、宮坂先生の発掘できなかった区域から、新たに八十五の住居址の存在が確認されるにいたっている。確認調査はまだ継続されるので、住居址数はさらに増える見込みで、調査担当者は最終的には三百に達する大集落址の全貌が明らかになるだろうと予測している。

開発のための大規模発掘が全国的に後を絶たないいまどき、住居址数三百程度の集落遺跡などめずらしくもないという人も少なくないが、尖石は台地と谷が昔の景観のまま残され、古い植生なども自然のまま生きている部分も多く、何よりも宮坂先生の発掘した住居址や炉址などの遺構は、当時掘ったままの状態で大部分が保存され（最近の確認調査を通じてそのことが確認されている）、現在進めている新たな発掘区域では、遺構は一部の遺物を含めて、確認後はそれを完全に原状保存するという調査方法をとっている。

このことによって、尖石はいまの世代の私たちのためだけでなく、後世何十年も、いや百年以上も先までかけて、宮坂先生が意志し、またこよなく愛した、縄文のムラでの縄文人の生活を、復元研究する拠点にしたいと考えているからである。

なおここで付け加えておくが、尖石の特別史跡の範囲は、はじめ一九五二年に約四・二ヘクタールが指定され、その後九三年に与助尾根とその南の谷部をふくむ約二・五ヘクタールが追加指定された。その総面積は約六・七ヘクタールという広大なものである。それは地形的には尖石台地の中央部を東西に走る浅い谷で南北の台地に分けられ、さらにやや大きな谷を隔てて北側に与助尾根の台地があり、三つの東西に並列する長尾根の台地上に広く分布している。

その全体が「特別史跡尖石遺跡」となるわけだが、これからは地形上の区分として尖石南台地、尖石北台地、与助尾根台地と呼びわけ、遺跡は全体を尖石遺跡と呼ぶ方がよいのではないかと思われる。その区分や呼び方については、尖石遺跡整備計画の中で検討されていくことになろう。

さらに遺跡に隣接する山林地約七ヘクタールの区域は、「青少年自然の森」として保存され、数棟の研修宿泊施設を用意して、尖石と自然にかかわる学校生徒の学習の場として活用されている。

縄文集落の原点

最近の確認調査の結果をふまえた、尖石の縄文集落の完全な復元は、右に述べたように今後の永い研究課題である。今日は先に図示した宮坂先生の発掘成果にもとづいて、戦後五十年の縄文集落の研究がどのように進められてきたかをふり返りたいと思う。

敗戦の翌年（一九四六年）、宮坂先生は「尖石先史聚落址の研究」という論文を発表した。『諏訪史談会々報』という地域の学校の先生たちの組織する団体の雑誌に掲載されたものだが、この論文は敗戦直後、学術論文を発表する場もない混乱した学界状況の中で、記録に残る全国で唯一の縄文関係の論文ではなかったかと思う。その意味でも貴重な存在である。

ところで論文の内容は、それまでの尖石遺跡の発掘成果の概要を紹介するのが主旨になっているが、その中で宮坂先生は、尖石の縄文集落が南北二つの群に分かれる住居地区（図では台地南縁の多数の住居址群と、台地中央を東西に走る市道沿いの多くの炉址群）と、その中間に位置する社会的地区（図では列石・小竪穴群を中心とする部分）から構成され、社会的地区ではムラ人共同のまつり等が行われたのではないかと推測している。

その指摘は、その後、縄文集落が中央に共通の広場をもち、それを環状ないしは馬蹄形を呈する住居群がとり囲むという、縄文集落の原型を最も早く学界に示したものとして、高く評価

父親の宮坂先生を助けて尖石を発掘した四兄弟。左から喜久雄（当時20歳）、長久（18歳）、虎次（16歳）、昭久（14歳）氏。1942年夏の尖石での写真。

されるのである。

一九四八年には、戦前から中央で活躍した考古学者和島誠一氏が、「原始集落の構成」という論文を発表した。これは研究史の上では、原始集落の研究を、原始・古代の社会構成と、それにもとづく当時の歴史の解明につなげるための、理論と方法を体系化した、わが国最初の論文として、考古学ばかりでなく歴史学界でも重要な位置づけがされるものとして、「和島集落論」の名でその後の集落研究の主要な流れをつくるが、これも宮坂先生の尖石における地道で堅実な仕事が、その基礎にあったればこそといえる。

宮坂昭久氏の話によれば、その頃和島氏は尖石を訪れ、宮坂先生のお宅に二晩も泊まりこみ、熱心に先生の話を聞き、資料を調べて帰られたそうだ。

与助尾根集落論

一九六〇年代に入ると、その後の縄文集落研究の一つの潮流をつくったといわれる重要な論文が水野正好氏によって発表される。それは「水野集落論」ともいわれ、また与助尾根遺跡の住居址群にもとづく分析であったので「与助尾根集落論」とも呼ばれるものである。

水野氏はその論文を書く前、尖石・与助尾根を実地に見たことがないばかりか、東日本の縄文遺跡の発掘さえ見たことがないと正直に私にいっていたが（彼は関西の出身）、大学の卒業論文を書くために、宮坂先生の残した報告書『尖石』を、それこそ穴のあくほどよく見たそうだ。そうしたら、与助尾根の二十八の住居址のうち、炉の石が抜きとられているいわゆる「廃絶住居」と、炉石が残されている住居址が相接してあり、これは互いに何らかの関係があるのではないかと気づいた。

そこで炉石の残る住居址（十二）を取り出して分布状況をみると、二棟一単位できれいに六つのグループに分かれている。これこそ一家族の住む二棟のイエだと考えた。それだけでなく与助尾根の六つのイエの信仰的な「家財」をよくみると、石柱祭壇をもつイエが二、土偶《どぐう》のあるイエが二、石棒を残しているイエが二というようにあることがわかり、そのそれぞれが集落全体の東と西に三棟ずつ平均に分布していた。

このように分析した水野氏は、二棟一単位の住居をもつ一家族が、それぞれ信仰上の役割を分担する三家族によって一つの集団（氏族？）をなし、東西にわかれて二つの集団が共同で与助尾根に生活していたという仮説を示したのである。

実は水野氏の分析には、資料評価の上での誤認や甘さがあって、またやや飛躍した民俗学的解釈などが加わっているとして、その後かなりきびしい批判を受けた。しかしそうした中で私は「水野集落論」を積極的に支持した。たしかに事実誤認や解釈には問題はあるが、水野氏がやった与助尾根のような分析事例をいくつか積み重ねれば、縄文集落のほんとうの姿が次第に明らかになると信じたからである。

その頃から現在にいたるもそうだが、開発の事前調査としての大規模発掘で、縄文集落は次々に発見されている。尖石発掘の頃では信じられないほどの豊富な情報が与えられている。分厚い報告書も刊行されていて、個々の住居址の細かいデータが、出土遺物とともに記述されるが、集落構成を論ずるような分析はほとんどされていないというのが大部分である。これではいくら多くの住居址群を発掘しても縄文集落の姿は見えてこない。水野氏は「想念のない集落研究（発掘）はやめた方がよい」とその頃の論文に書いているし、私もこのままでは縄文集

与助尾根の復元住居の前に立つ、晩年の宮坂先生。

落はみんな消えてしまうと嘆いたことがある。「水野集落論」はたしかにその後の集落研究を活性化させた。その一つの画期をなす研究が、宮坂先生の手がけた与助尾根の発掘の成果にもとづくものであったことを、私たちは改めて記憶すべきことだと思う。

縄文集落研究のこころ

茅野市は二〇〇〇年度から、宮坂英弌先生の業績を顕彰する趣旨をこめた「尖石縄文文化賞」を制定した。今年で三回目になるが、学界・地域で活躍する多くのすぐれた縄文研究者が応募する。その第一回の受賞者は全国の多数の中堅・若手の縄文研究者が組織する「縄文時代文化研究会」であった。その中心的な業績となったのは「二十一世紀における縄文時代文化研究の深化に向けて」という副題をつけた、『縄文時代研究の一〇〇年』という学史を扱った大きな著作である。

その中で谷口康浩氏が縄文集落研究百年の研究史的総括を行っている。尖石・与助尾根遺跡と宮坂先生に関しては、いままでここで話してきたような、縄文集落研究の原点としての評価と総括を述べている。そしてその後の研究史を詳細かつ公正に論じた後、次のように問題を指摘している。

「……（いま）停滞感のある集落研究の現状を打開するためには、調査段階の方法にまで立ち戻り、所与の事実の状態、事実関係の客観的な記述をやり直すという認識が急速に高まっている」と現状を反省している。

これはここでは詳細を説明する時間はないが、まさに五十年前、二十年余をかけた宮坂先生の調査で地道に努力した手法に他ならない。

そしてさらに谷口氏は、その宮坂先生の業績を基礎とした「和島集落論」「水野集落論」の系譜は、確固たる縄文社会を見つめる視座があったと評価した上で、将来への展望を次のように結んでいる。

「今日の状況はどうであろうか。確かに膨大な資料が集積し、事象を解析する研究は緒についたが、縄文社会の理解につなぐための理論と枠組に対する自覚的思弁が足りないのではないか。最も重要なのは問いの立て方である。改めてそのことを研究史の中で学ばねばならない。」

私もいまから十五年ほど前、右の谷口氏と同じ観点から「縄文集落研究の原点」（『考古学ジャーナル』一九八八年）と題する小文を書いた。その文末に「半世紀前、尖石の縄文時代のムラでの縄文人の生活を見たいと、学問的情熱のすべてと、自己の生涯をそのことに捧げつくした、宮坂英弌先生のこころに、縄文集落の研究はいま立ちかえるべきである」と書いた。

最後に、宮坂先生がその著『尖石』（学生社）の序文に書かれた言葉を再録して、先生のこころを改めて偲びたいと思う。

「八ヶ岳山麓を耕すと紋様のある土器、黒曜石の石鍬が鍬さきにかかる。これは、雷の落しものとして、べつに不思議にしなかった。

たまたま桑畑の古株を掘り返したとき、思いのほか深い地中から、石囲いの炉址とともに土器や石器がさかんに出た。

――これは、きっと先人の住居址であろう。

私は幾年も隣村の小学校に勤め、八ヶ岳を仰ぎながら一里半の山道を通った。その道すがら、どんな人間がどんな姿でこの山麓を開拓したろうか、一つ自分の手でたしかめてみたいと思い、

宮坂先生が「鎌首をもちあげ口を開いて、五千年後の今日、私どもに襲いかかる」と書いた、尖石出土“蛇体文土器”。（尖石縄文考古館所蔵）

この尖石遺跡で竪穴住居址三十二箇所をさかんに掘った。そして疲れた腰を掘り上げた土におろして休む。いま掘り出した土器は、五千年前に照らされた太陽と、一瞬にしていま盛んに話しこんでいる。

——一体これらの住民はどうなったろうか。

白日の夢は夢を追い、しばらく神秘感におそわれ陶酔境にさまよう。この境地が私をかりたて三十二箇所の住居址を発掘させた。

それに、出土した縄文中期の土器は紋様が自由奔放に力強く、狩猟民族の勇壮な精神がよく表現され、ことに土器の口縁部に飾った蛇の姿態、それは鎌首をもちあげ口を開いて、五千年後の今日、私どもに襲いかかる。これは、たんに技術の優秀に基づくのみではなく、その背後に彼らの人生観によって育成された力強い精神力によるものであろう。今日、私どもはあまりにも物質文明に魅せられ、自己を忘却している。このとき、土器は私どもを覚醒させ、新たな力を与えてくれる。こうして私は二度と生まれかえられない八十年の生涯を喜悦と感謝とで終りたいと念じている。

（二〇〇二年）

丙午年頭自賀　一筋の径たどりて八十の春」

第四章　考古地域史がめざしたもの

——八幡一郎と郷土考古学論

究極は人類史研究

一九八七年十月二十六日、八十四歳というご高齢で亡くなられた八幡一郎先生は、その五年前、「古代人に魅せられて」(『来し方の記』信毎選書、一九八三年)という、学者としての先生の生涯をふりかえられた懐旧録風な文章を書きのこされている。全体として先生らしく、感情を交えない淡々とした記述で終始しているが、その最終章の一節に次のような一文がある。

「伯父の八幡氷湖にフチ・ヌプリ(アイヌの富士山の呼び名—筆者註)の話を聞き、畑の石器に関心を抱いてより七十年、……私の歩いた道が人類学であるか、考古学であるかは別として、ただ究極は人類史研究に低迷したものと思う。一塊の石器、一片の土器も、それを生活のために作った人間を離れ得なかったことは確かである」

八幡先生が故郷諏訪を出て、東京で活躍をはじめられる大正末から昭和のはじめにかけて、

八幡先生の生家に近い、当時の平野村（現岡谷市）上向遺跡とその遺跡での土器出土状況。少年時代の八幡先生は暇を見つけては同遺跡などに通ったという。（『諏訪史第一巻』より）

日本の考古学は学史的に実証主義的考古学の確立期と、いま総括的に評価される段階にあった。それは、事物の現象をこと細かくとらえながら、その背後にある本質的なものから眼をそらす学風が、学界全体を支配したということである。

八幡先生が所属した東大の人類学教室には先生とあい前後して、山内清男、甲野勇氏といった、当時の若手俊秀が集い、縄文土器の編年研究を推進して、縄文時代の研究の上で学界の主流の一つを形成した。八幡、山内、甲野の三新進研究者を、「編年学派の三羽烏《さんばがらす》」と呼ぶこともある。それゆえ八幡先生もその頃の学風を代表する実証主義的研究、その一つの結実ともいえる縄文土器編年研究の重要な役割を担った一人ということになる。

しかし「編年学派」の中でも、八幡先生の研究にはどこか一味ちがった点がある。本章は先生の数多い多彩な業績の個々について、内容を紹介したり評価を加えることが目的ではないので、昭和初年当時の学界的状況の中で生まれた一つの事例をあげる。

先述のとおり、八幡先生もその一人に加えられる「編年学派」の、その中心的な学者は山内清男氏であった。その山内氏による縄文文化研究の実績を飾る記念碑的な論文として『日本遠古の文化』（一九三二年）があるが、同書の詳細な補註（一九三九年刊の新版）の一つに次のような部分がある。

「……この種の粗放的見解は二、三欧人によって発表されて居る。日本の学者のうちにも幾分近似の傾向を示すものがあるが、近来の八幡一郎氏の所見は最も著名なものである。拍手を送るものは恐らく日本考古学に精通しない民族学者又は東洋学者のみであろう。他日取纏め論評したいと思っている」（山内『日本遠古の文化』一九三九年）というもので、いまさら引用・紹介するのは、なき八幡先生に対しても、また山内氏に対しても失礼ではないかというそしりを受けるような激しい言葉である。

ところで山内氏が批判の矢を向けた「近来の八幡一郎氏の所見」とはどんなものだったのだろうか。文献として山内氏が取り上げているものを列挙すると、「北海道の突瘤文土器《つきこぶもん》」（一九三六年)、「日本石器時代土器の基礎的技術」(一九三五年)、「日本新石器時代初期の石器」(一九三六年)の三つであるが、このほかにも同じ頃、八幡先生は「日本の石器時代と細石器《さいせっき》の問題」(一九三五年)、「信州諏訪湖底曽根《そね》の石器時代遺跡」(一九三六年)、「日本に於ける中石器文化的様相について」(一九三七年)など、重要な論文を矢つぎばやに発表されている。

以上にあげた諸論文は、扱った資料や記述の仕方などにはそれぞれちがいがあるが、総じてその論旨は、縄文時代の土器、石器などの諸文化要素の中には、北方アジア地域の石器時代文化と共通ないしは影響の色濃いものが含まれており、とくに縄文文化の出自、由来を考えるのには、北方アジア諸地域に眼を注ぐ必要が大いにあるという点を、具体的な資料の分析や紹介をとおして、鋭く指摘したものであった。

こうした八幡一郎先生の論文や考え方は、その後の学史の中で、縄文文化の起源に関する「北方起源説(系統説)」と位置づけられ、また縄文時代初期の石器に注意を向ける中で、細石器に重大な関心をもったことがきっかけとなって、戦後の先土器時代文化発見に重要な学史的役割を果したという点で、いまでは高く評価されるものであった。

そしてまだ資料もとぼしい昭和初年の段階で書かれた論文とはいえ、けっして山内氏が酷評するように「粗放的見解」などとして、排除されるべき業績とは思えない。

前にも書いたように、この昭和初年代は山内、八幡、甲野氏など新進研究者によって、縄文土器の編年研究が一つの体系的な成果を蓄積しつつあった時である。だからその中心的・指導的役割を果たしていた山内氏は、編年研究の成果をまず確実にすることこそ先決問題であって、八幡先生への論評（補註）の的となった縄文文化の起源や縄文文化の対外関係については、「縄紋土器文化を詳細に体系付けて、大陸側の調査の進行を待っている他ない」（『日本遠古の文化』）のであり、「縄紋土器の由来を知るには、先ず最も古い縄紋土器を決定することが必要である」（同前）という現状認識に立っていたのである。

私はこうした山内氏の考え方を、単なる「慎重な現状認識」というよりは、編年研究という個別実証的研究がもつ、一つの方法論的な限界であるととらえ、そのことがその後の縄文時代研究、いや日本考古学の体質を形成する大きな要因であったことを、別の機会に再三論じてきた。

そのような立場からいうと、山内氏から批判されたような八幡先生の一連の業績は、編年研究の限界から一歩抜きん出ようとする試みとして、改めて評価しなおすべき内容をもっていると思える。というよりは、冒頭に引用した八幡先生の文章にもあるとおり、「一塊の石器、一片の土器も、それを生活のために作った人間を離れ得なかった」という先生の学問観のあらわれであり、「究極は人類史研究」であったとする考古学の学問的使命に対する自覚によるものとみたい。

いまここに例をあげた考古学上の問題に限らず、「八幡学」などともいわれる、八幡先生の幅の広い学問の体系は、人間の生活をみつめる立場に徹した、八幡先生の考古学の方法の中から、生まれるべくして生まれた、一つの大きな特徴であったといえるのである。

地方史は大根の輪切り

八幡一郎先生の「古代人に魅せられて」には、先に引用した文章につづいて、次のような一節がある。

「……いかに環境破壊が進んでも、わが郷里信州はその粛然たる自然にぐるりととり巻かれている。まだ路傍にはスミレが咲き、タンポポが咲いている。季節季節の小鳥の往来は途絶えていない。荒廃したといっても山林には樹木が残っている。川にはタニシやホタルがあまり見られなくなったといっても、小ブナくらいはすんでいるのだろう。クワの実やマメガキは食べられなくなったかも知れぬが、キノコやイチイの実はいまも採れると思う。私は（信州に）まだ希望を捨てていない」（カッコ内筆者註）

飾りのない言葉ではあるが、八幡先生の文章としてはめずらしい情感のこもった一節で、先生の郷里信州に対する切々たる愛着を感じさせる。しかしそれは単に故郷によせる感傷ではなかったはずである。

八幡先生はまだ少年だったといってもよい諏訪中学校（現諏訪清陵高校）の生徒の時、『諏訪史第一巻』（一九二四年）をつくる大事業に直接参加する機会を得て、考古学を本格的に研究する基礎を固めた。そのことが機縁となって、中学を卒業すると東京大学の人類学教室に選科学生として籍を置き、先にも述べたように、中央の新進考古学者としての歩みを進めていくのであるが、同時に『諏訪史第一巻』にひきつづいて、当時、鳥居龍蔵博士の指導で、長野県下の各郡の教育会が取り組んでいた郡史編纂の仕事に、はじめは鳥居博士を助け、後には自ら責任者となって、積極的に参画した。

『諏訪史第一巻』の発行の二年後に刊行された『先史・原史時代の上伊那』（一九二六年）をはじめとして、『南佐久郡の考古学的調査』（一九二九年）、『北佐久郡の考古学的調査』（一九三四年）など、いずれも地方史誌とはいえ、その頃の考古学書としては国内では最大級の大冊で、

鳥居龍蔵博士（中央）等と霧ヶ峰旧御射山遺跡を調査する、中学生時代の八幡先生（右端）。（『諏訪史第一巻』より）

学界の最高水準の研究成果を生かしたものであった。それらの中からここではまず、八幡先生が最初にかかわった、『諏訪史第一巻』の特徴の一端をみてみよう。

藤森栄一氏はかつて「忘れられた諏訪史第一巻のエスプリ」（一九三九年）というエッセイを書き、『諏訪史第一巻』を次のように評価した。

「……諏訪史第一巻は当時、信濃においてのみならず、ひろく全国に考古学的な郷土研究のじつに導火線を切ったものだった」、そして「……それは諏訪郡全教育家と鳥居龍蔵博士との、ながい努力のおりなしたものである。諏訪史第一巻においては学問的意識のいかんはわからないが、とにかく結果においては、民族史の足跡、生々しい現実の五感のうちに残された正しき意味での史料のみが集成されたものだ。そこには人々の喝采する面白さや、派手な飛躍や結果はなかったが、ながい祖先の生活の実証が圧縮されている」と。

このように評価される『諏訪史第一巻』をみて、すぐに気がつくのは、まずその本の大きさという点である。B5判で本文六百十七頁を数え、巻末にはコロタイプの写真図版が六十一頁もあり、さらに郡内の遺跡・古墳とその出土品および所蔵者などを、町村別に整理してもれなく記載した二十二頁におよぶ地名表がつけられている。その当時ではめずらしい三色刷りの遺跡分布図も貴重な資料であった。これはまさに、当時としては空前絶後の分量をもった考古学の専門書であり、一郡単位の考古資料の集成と、それが郡史という地方史誌の第一巻という点でも、いまにしてなお類書の稀な存在といえるものである。

この大冊に盛られた内容にも多くのみるべき特徴がある。本書の序文にもあたる鳥居博士の「凡例」の文章の一節を引用しよう。

「……這は確かに大学紀要の類であって、地方の一郡がよく斯くの如き浩瀚な一地方の先史時代・原史時代の論文的郡史を発表させられたのは本郡の最も誇とすべき所であらう」

ここに書かれている「論文的郡史」とは、郡史の記述を通じて、学問的にも最高の水準をき

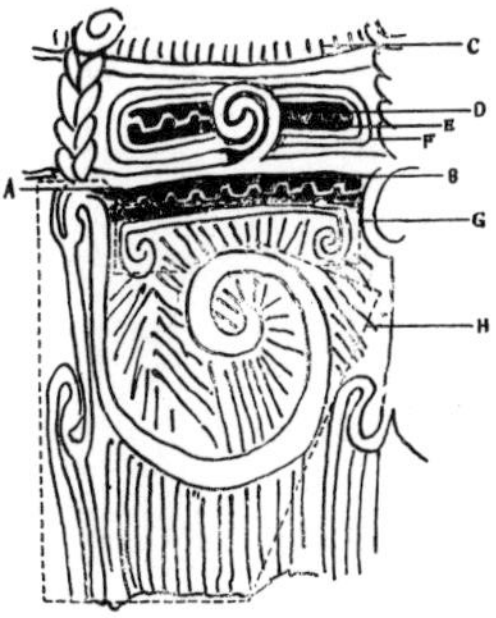

第九十三圖　紋様の分解

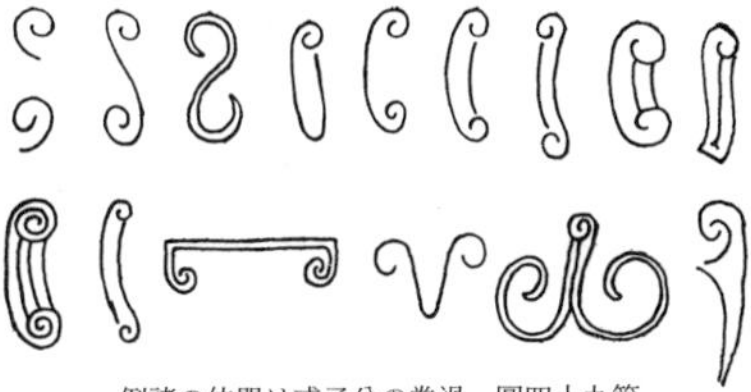
第九十四圖　渦巻の分子或は單位の諸例

「論文的郡史」を表徴する土器研究の一部。（『諏訪史第一巻』より）

わめた、考古学的研究の成果を示すという意欲の表明である。

もちろん現在の研究の成果に照らして、『諏訪史第一巻』のそれには、研究史的な限界からくる不十分さが多い。しかしたとえば縄文土器の記述の中には、縄文中期の土器（当時は「厚手《あつで》派《は》式土器」）の複雑な文様を、「紋様の分解」と称していくつかの文様要素をとり出し、その中から「渦巻の分子或は単位の諸例」をとり出して図示し、それらの発達、退化の状態などから、土器の新旧を推測した見解がみられる。縄文土器の編年研究などが始まる前、また考古学の方法としての型式学も、まだ学界一般には理解されていない段階の「土器論」として、一つの新鮮な研究の方法を示しているといえる。

さらに石器の中で最も数が多く普遍的な打製《だせい》石斧《せきふ》については、郡内出土の多くの例を図示して、当時の学界レベルでの詳細な解説を加えているが、記述の後半では、打製石斧という石器の多くが、機能的には木を切る斧としては不適当であることを指摘し、土を掘る道具であろうという意見を述べている。そして「土を掘る考へを更に一歩進めて、原始的な農業があったことを物語る材料となりはしないか」と論じた。これなどは現在の縄文農耕論の先駆的な発言として、しばしば研究史的な引用がなされることは、よく知られたとおりである。

そのほか、個々の遺物あるいは遺跡（遺構）などについて興味深い記述が多い。凹石《くぼみいし》の用途（発火具と考えた）を図入りで五頁にもわたって説明していることなどは、考古学書では本書がはじめてではないかと思う。

とにかくこうした形で各種の遺物や遺跡について、詳細な記述がなされているので、これはまさに当時の日本考古学の最高の概説書にもなりえたのである。当時どころか、刊行以来二十年以上もたった敗戦後、諏訪で考古学を学びはじめた私にとっても、『諏訪史第一巻』は唯一最良の教科書であった。

『諏訪史第一巻』の内容に関して、もう一つ重要な点を指摘しておきたい。本書の全体の構成は第一部先史時代と第二部原史時代からなっているが、その第一部は甲・乙の二つにわけられていて、甲は「先史時代（アイヌ人）」、乙は「先史時代（吾人祖先の先駆者——固有日本人）」とそれぞれ表題がつけられている。いま風にいえば、前者が縄文時代、後者が弥生時代ということになるが、『諏訪史第一巻』の表題のつけ方は、明治時代の考古学・人類学を特徴づける、人種・民族論争の名残りで、とくに本書の主執筆者である鳥居博士が提唱した「固有日本人説」という学説を強く前面に押しだしたものである。

その鳥居学説の内容を簡単にいえば、縄文人はアイヌであり、日本列島の先住民族である。それに対して弥生人は日本民族（「大和民族」）の直接の祖先、つまり「固有日本人」であり、先住民族であるアイヌを「エゾ」の地に追放して、日本国家建設の基礎をつくったというものである。当時学界の最高権威の一人としての地位にあった鳥居博士のこの学説は、日本人種・民族論争の学史に「固有日本人説」として広く普及するが、おそらくこの学説が具体的にかつ本格的に論じられた最初の論文は、この『諏訪史第一巻』ではなかったかと思われる。

この鳥居学説は、その後（戦後）、神話と考古学の癒着につながったとして批判され、私も何回かその考えを表明した。いまその点はおくことにしても、鳥居博士が『諏訪史第一巻』を書くに当たって、そうした学界最先端の学説を、諏訪地方の考古資料に則して論じたということについては、二つの意義を認める。

一つは先に引用した鳥居博士の序文の一節にもうかがえるように、たとえ地方史誌とはいえ、学界の研究水準の到達点を示すという意欲である。

第二には、『諏訪史第一巻』の記述を、ただ単に諏訪郡内の考古資料を羅列し、事象を個別に解説するのではなく、一つの歴史観に貫かれた、諏訪郡の原始・古代史の歴史叙述をめざしたという点である。不幸にして鳥居博士の「歴史観＝学説」はいまは認めることはできないが、地方史誌の考古学の分野で、歴史叙述を求めるという試みは、その後の個別実証的研究偏重の日本考古学の体質をかえりみるとき、きわめて重要なことだったといわねばならない。ここで鳥居博士の序文の一節をまた紹介したい。

「……この郡史は大根の輪切りの様であって、その一つの切った小さな輪は本郡の地方史であるが、この輪をすべて続けて見た一本の大根は日本史である。……されば本書はその何づれの方面から見てもよい様に記述してあるのである」

ここには考古学における地域研究の一つの理念が示されている。鳥居博士の言葉のように、またそれを実践した『諏訪史第一巻』の叙述のように、地域研究とは日本歴史の輪切りの一つをつくる研究の方法だということを、つねに意識することが必要である。地域の資料を中心に扱い、地域に根ざした歴史を大切にするということは、けっして広い歴史的な視野を無視することではない。逆に広い歴史をみる眼をもって、地域の資料や歴史の中から新しいものを見出していく研究こそ、従来よくありがちだった狭い「郷土史」の枠を抜け出した、ましてや個別実証的といわれるような、細かい資料や現象にだけこだわる、古い考古学の体質を変革していく道である。『諏訪史第一巻』は、このごろ私などがよく口にする「考古地域史」の最も大切な点の一つを見事に指摘し、それを実践しているものと評価してよい。

全郡下の遺跡、遺物を鳥居博士の助手として実地調査し、最終的にはかなりの部分を自ら執筆に当たった貴重な体験を基礎に、八幡一郎先生の考古学も、先生の五感のうちに、『諏訪史第一巻』のエスプリを感じとって、その輝かしいスタートを切ったものとみたい。

郷土考古学論

諏訪中学校を卒業するとすぐ、八幡一郎先生は東京大学人類学教室に選科学生として入学した。たびたび引用する「古代人に魅せられて」から、当時の先生の横顔をうかがい知ることのできる文章を二つ三つ紹介する。まずその頃の人類学教室に顔をそろえた、甲野勇、宮坂光次、中山治宇二郎氏等々、そうそうたるメンバーの交友の一端から一つ。

「甲野君は東京の名流家庭に育って極めて高雅な青年であり、彼の邸宅でクラシックのレコードを聴きに、夜訪問する回数が次第に多くなり、自分の学問的貧困さに愛想をつかせた私は、生涯バイオリンを弾きたいと思うことがしばしばであった」

そうした若き悩みの中でも学問への情熱はふつふつとして燃える。

「……東大の人類学選科生として、学問研究の中に飛び込んだ私は、石器を求めて野山を彷徨しながら、夢想した世界観が如何に安易であり、幼稚であったかと自覚させられた。そしてこれからの進路の方向を考え、その基礎作りをするとともに、その円周を可能な限り拡げようと決心した」

この学問の円周をひろげようとする努力は、鳥居博士の後、八幡先生がご自身で引き受けられた、南佐久と北佐久郡史編纂の仕事に生かされる。

「……南信、東信へ出掛けること頻繁の中を、私は九州は大隅半島、四国は土佐、北陸は越中、越後、東北は磐城、陸前、陸中などの調査を行うことができた。こうした旅行はそれぞれの土地の風土や人情、そこから検出されるものに、地域的傾向などを知ることができた。このような背景によって、東信、南信で認められる特異性が浮き彫りにされ、地域と人文との有機的関係を認めようと念じながら、南佐久郡の考古学的調査、続いて北佐久郡の考古学調査をまとめ

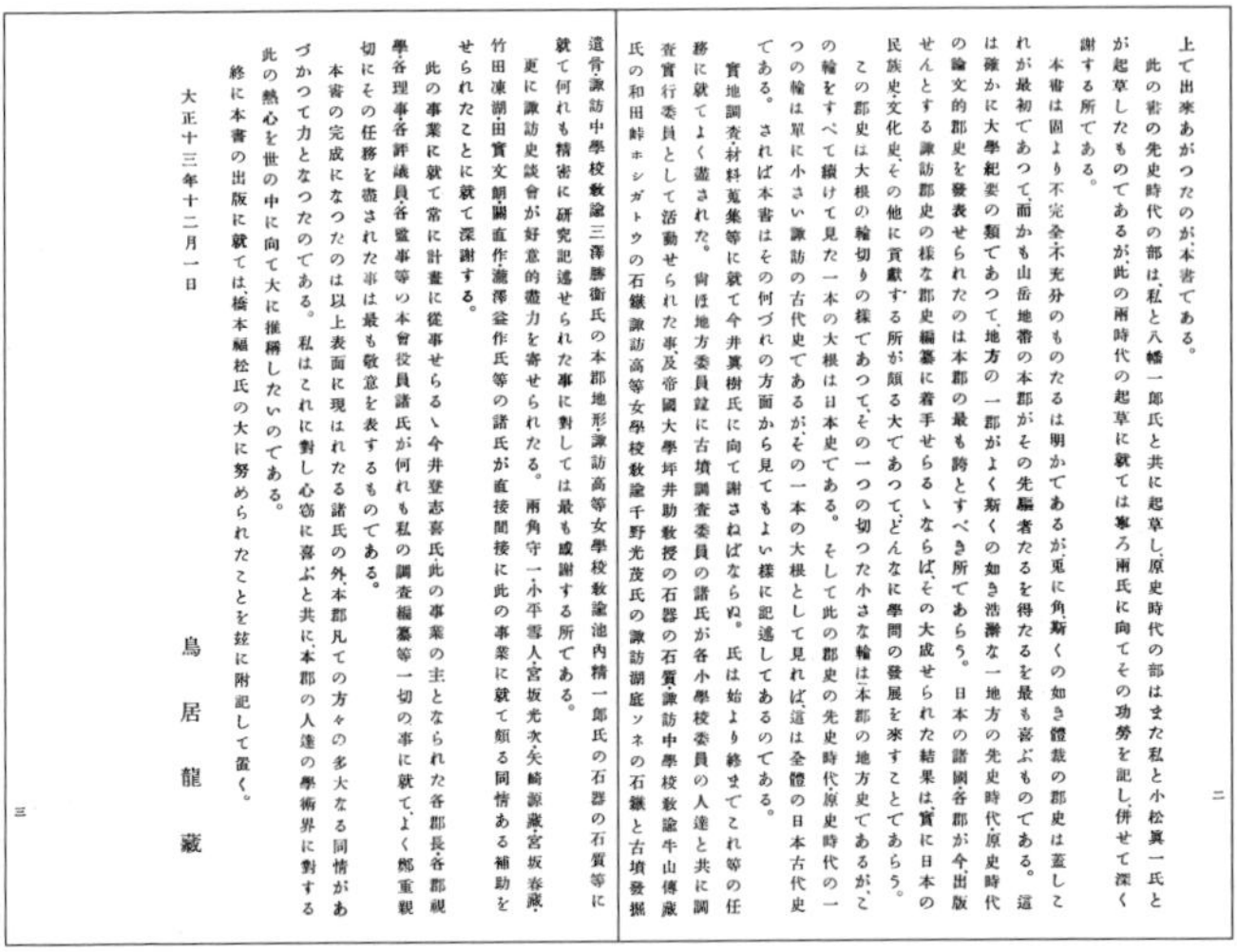
上て出來あがつたのが本書である。

此の書の先史時代の部は、私と八幡一郎氏と共に起草し、原史時代の部はまた私と小松眞一氏とが起草したものであるが、此の兩時代の起草に就ては寧ろ兩氏に向てその功勞を記し、併せて深く謝する所である。

本書は固より不完全不充分のものたるは明かであるが、兎に角、斯くの如き體裁の郡史は蓋しこれが最初であつて、而かも山岳地帶の本郡がその先驅者たるを得たるを最も喜ぶものである。這は確かに大學紀要の類であつて、地方の一郡がよく斯くの如き浩瀚な一地方の先史時代・原史時代の論文的郡史を發表せられたのは本郡の最も誇とすべき所であらう。日本の諸國・各郡が今出版せんとする諏訪郡史の樣な郡史編纂に着手せらるゝならば、その大成せられた結果は實に日本の民族史・文化史、その他に貢獻する所が頗る大であつて、どんなに學問の發展を來すことであらう。

この郡史は大根の輪切りの樣であつて、その一つの切つた小さな輪は本郡の地方史であるが、この輪をすべて續けて見た一本の大根は日本史である。そして此の郡史の先史時代・原史時代の一つの輪は單に小さい諏訪の古代史であるが、その一本の大根として見れば、這は全體の日本古代史である。されば本書はその何づれの方面から見てもよい樣に記述してあるのである。

實地調査・材料蒐集等に就て今井眞樹氏に向て謝さねばならぬ。氏は始より終まてこれ等の任務に就てよく盡された。尙ほ地方委員竝に古墳調査委員の諸氏が各小學校委員の人達と共に調査實行委員として活動せられた事、及帝國大學坪井助教授の石器の石質・諏訪中學校教諭牛山傳藏氏の和田峠ホシガトウの石鏃・諏訪高等女學校教諭千野光茂氏の諏訪湖底ソネの石鏃と古墳發掘遺骨・諏訪中學校教諭三澤勝衛氏の本郡地形・諏訪高等女學校教諭池内精一郎氏の石器の石質等に就て何れも精密に研究記述せられた事に對しては最も感謝する所である。

更に諏訪史談會が好意的盡力を寄せられたる。兩角守一・小平雪人・宮坂光次・矢崎源藏・宮坂春藏・竹田凍湖・田實文朗・闘直作・瀧澤盆作氏等の諸氏が直接間接に此の事業に就て頗る同情ある補助をせられたことに就て深謝する。

此の事業に就て常に計畫に從事せらるゝ今井登志喜氏、此の事業の主となられた各郡長・各郡視學・各理事・各評議員・各監事等の本會役員諸氏が何れも私の調査編纂等一切の事に就て、よく鄭重親切にその任務を盡された事は最も敬意を表するものである。

本書の完成になつたのは以上表面に現はれたる諸氏の外、本郡凡ての方々の多大なる同情があづかつて力となつたのである。私はこれに對し心窃に喜ぶと共に、本郡の人達の學術界に對する此の熱心を世の中に向て大に推稱したいのである。

終に本書の出版に就ては、橋本福松氏の大に努められたことを玆に附記して置く。

大正十三年十二月一日
鳥居龍藏
二
三

『諏訪史第一巻』の序文の一部。右頁2行目に「此の書の先史時代の部は私と八幡一郎氏と共に起草し」と明記されている。


た……」

この『南佐久郡の考古学的調査』の刊行されたのが一九二八年（昭和三年）であるから、一九〇二年生まれの八幡先生は、まだ二十六歳という青年考古学者だったということになる。そしてこの著書の巻末に、八幡先生は「南佐久郡の考古学的調査余説」という論文を書き、考古学における地域研究の重要性と有効性を説き、「郷土考古学」というべき新しい研究の方法を提示したのである。

この論文の「考古学と郷土史」という章で、八幡先生は「……郷土史のうち、史実、伝承を全く欠く古き部分の研究は考古学によるべからず。史実との連絡の有無の如きは、問う限りにあらず。郷土史は考古学の力を藉りずして、完璧を期することあたわず」と、『諏訪史第一巻』以来の郡史編纂の実績をふまえた考古学の有効性と研究への自信を述べる。

しかし、それならばその土地出土の土器や石器を並べ立てれば、それで目的を達するかといえば、けっしてそうではない。前文につづいて八幡先生は「……しかれども従来行われたる遺物遺跡の単なる説明、あるいは先史および原史時代一般論の分載のごときは、なんら郷土史を裨益せざるなり」と喝破する。この七十年余前の八幡先生の言葉は、現在もなお続々と発刊される地方史誌のかなり多くのものに、そのままあてはめることができるのではなかろうか。

そうならないためには考古学の方法論を整備し、さらに進んで考古学における地域研究の方法、ここでいう「郷土考古学」の方法を確立する必要があるというのが、「余説」と題した八幡先生の論文執筆の目的であった。その重要な部分を紹介していこう。

まず、前記の引用文にもあるように、考古資料を単なる器物の羅列としてとらえるのではなく、また個別実証的な研究の材料で終わらせるのでもなく、人類の生活に関与した遺産としての一つのあり得べき関係、あるいは構造をもって、歴史的な動態を示す文化の諸要素として体系化するための理論の筋道を、八幡先生は「遺物遺跡地に基づく相概念《フェイズ》の提唱」という形で次のように論じている。

「一顆の石斧、一片の土器は一文化の所産なり。しかして一石斧、一土器は偶然に案出されしものにあらず。必ずや必然的要求によって製作されしものなり。必然的要求によって製出されし数多の石斧、土器はそれぞれ共通せる機能、形態を生ず。かかる必然的要求が普遍化され、集積せる時一文化は形成せり」

このようにこの論文は、書かれた当時の八幡先生の、学問研究の方法論への強い関心のほとばしりと、そして若さの故か、かなり固い、かつ観念的な表現であるが、要するに一つ一つの遺物の背後に人間の生活をみ、遺物を通して文化を復元していこうという、先生の学問観の吐露にほかならない。さらに続く。

「……かくて形成されし文化は、瞬時も停止せずして、常に流動す。かかる流動は内的原因と外的原因とによる。内的原因とは必然的要求の変化、向上にして、外的原因とは環境の自然力および外囲他文化の刺戟影響なり」

ここに述べられている、文化あるいは歴史を動態としてとらえる考古学の方法は、現在でも新鮮である。土器の時間的または空間的変遷・変化をとらえることを手段とした、その後の縄文土器の編年研究には長いこと、縄文文化とその歴史を、動態として理解する方法が欠落していたと私はかつて論じたことがある。そしていまようやく縄文土器についても、文化についても「動態論的な分析」といわれるものが、若い研究者の関心をひきつけている。八幡先生の同趣旨の指摘は、実に半世紀以上前のことである。

以上のような考えの上に立って、考古資料を総合的に把握し、その歴史的また地理的位置づけを理解するために、一つの方法上の概念として、八幡先生は「相」(フェイズ)という概念を提示する。

「……必然的要求は常に普遍化せんとする傾向あり。普遍化は一旦達成するも、内外の原因により再び次の必然的要求を生じて、更新せる普遍化と遂げんとす。……余は一の普遍化に到達する期間を一つの相と呼ぶ」というものであった。

八幡一郎先生の提唱された「相」の概念を実際的な研究に結びつけて正確に理解するためには、なお多くの先生の業績や論文に接しなければならないだろう。いまここでは、取り上げた論文の冒頭に書かれている「およそ文化なる概念は、空間的延長と時間的推移を含めり」という八幡先生の言葉に導かれて、「相」概念こそ地域研究の実践に向けての基礎であり、地域研究あってこそ「相」概念に方法的意義を与えることができるのだという、私なりの認識にとどめて、さらに「郷土考古学論」の評価を続けたいと思う。

八幡先生の論文の第二章は「遺跡の人文地理学的考察」である。

「……遺跡地は何が故に文化の現象を研究する題材たり得るや。……空間的延長を有する一地域、地図上の一点にすぎざるなり。されば考古学本来の立場よりは研究の範囲外に属す」という書き出しではじまる。この言葉は八幡先生にしてはおかしいと誰もが首をかしげたくなる。後述するとおり、先生はすでに『諏訪史第一巻』で「遺跡地」に十分に関心をもった記述をしているし、この論文の数年前（一九二六年）には、千葉県姥山《うばやま》貝塚でわが国最初の竪穴住居址（群）の完全な発掘に成功をおさめておられた。

しかしふりかえってそれ以前の考古学史をみると、遺跡は土器・石器や人骨を掘り出す場所にすぎなかったし、考古学的な考察はそこから掘り出された遺物についてのみ盛んであった。いわば「遺物学」としての考古学が八幡先生以前の日本考古学の常識だったといってよい。この論文の冒頭の発言は、そうした学界の考え方に対する批判であったと私は受けとめる。ちなみに後年、先生とお話をする機会を得るようになって、しばしばそうした「反語的」というか、「内省的」というか、八幡先生独特な表現でのご意見の開陳に接した記憶がある。

そのことはともかくとして、八幡先生は遺跡の考古学的研究に強い意欲を示す。もともとこの論文の中にこの章を書かれたことがそれをものがたっている。

八幡先生が、戦後地元の人びとと手を組んで発掘と保存に力をつくした、史跡大深山遺跡。（南佐久郡川上村所在）

「……さりながら（遺跡地は）古代文化と密接不離の関係にある以上、なんらかの方法によりて、研究の対象とせざるべからず、余は遺跡地の研究は人文地理学的方法をもってせば、文化現象の究明に資し得べしと信ずるものなり」

こうした八幡先生の志向を、「考古地理学」などという特定のジャンルの中にくくる必要はない。それはいま現在、日本考古学の重要な研究課題となっている遺跡群研究や領域論研究、さらに地域研究、そして先に八幡先生が提唱した「相」概念を包括的に導入すれば、考古学における地域性や文化の把握につながる研究の、まさに出発点に位置するものであったからである。

『諏訪史第一巻』や『南佐久の考古学的調査』『北佐久の考古学的調査』では、それぞれ当該地域を単位とした遺跡群のあり方に強い関心を示して、遺跡地の平面分布図や垂直分布のデータを集積・整理した。そして『南佐久の考古学的調査』では、それらの地理学的現象を、時代的にとらえた「相」の中に組みこんで、時間と空間の総合を通じて、その地域の歴史の動態と人間の生活の姿を描きだそうとした。

もちろんここにあげた「遺跡地の人文地理学的考察」だけが、八幡先生の方法論のすべてではない。いまは語りきれないさまざまな資料の分析や方法がある。それにしても八幡先生の「郷土考古学論」は資料や方法の上で、その時点での研究史の水準からくる限界があるのは止むをえまい。しかしいま私たちが学ばなければならないのは、「郷土考古学論」の実践を通じて、その地域の考古資料や事象を総合的にとらえ、歴史的に解釈しようとした、その理念についてである。八幡先生は「郷土考古学論」の特徴を次のような言葉で語っている。

「……郷土に即する文化を研究の対象とせば、時代の別を問うの要なし。故老なお存する時代、過去帳、水帳の存する時代……それら一切を欠くも、なお隴畝の間に瓦片を遺せる時代等、皆これを包容すべし」と。

長い日本考古学史を通じて、個別実証研究に拘泥する体質を身につけ、ましてや最近のように学問・研究の細分化・専門化が著しい環境の中で、私たちはえてして歴史を研究する考古学のほんとうの役割を見失うことが少なくない。そしてそれではいけないと痛切に反省すべき状況に、いま日本考古学はおかれている。その時、八幡先生が説いたように、特定の考古資料やそれが示す特殊な事象、さらに史上顕著な史実や事蹟・人物だけに目をうばわれるのではなく、あらゆる時代のあらゆる資料を総合してこそ、成果を生み出すことのできる「郷土考古学論」の理念を想起することによって、考古学の再生の道を切りひらかねばならない。

「考古地域史」の確立が、多くの考古学研究者にとって一つの目標となりつつある現在、八幡一郎先生の半世紀余の歳月を経た「郷土考古学論」の精神が、ようやく今後の日本考古学の進むべき道と一致したことに、深い感慨を覚えるのである。

ふるさと信州の味

八幡一郎先生は、生まれた町（長野県平野村、現岡谷市）でも、育った学校（諏訪中学、後に清陵高校）でも、私にとっては大先輩である。しかし高校時代の考古学の私の恩師は宮坂英弌氏や藤森栄一氏であり、大学に入ってからは明治大学の先生方が恩師であった。だから私は八幡先生から直接考古学の教えをうけることなく、私の青春時代を過ごした。そのことはもう少し年月が過ぎたある頃から、とても気になり、このまま過ごしてはいけないと、一種の焦りのようなものをしばしば感じたことがある。八幡先生から学ぶべきこと、また学びとらなければいけないことがたくさんあるはずだという想いであった。

これは全く偶然のことだったが、学生時代私が下宿をした杉並の下高井戸の安アパートから、ほんの数百メートルはなれたところに先生のお宅があった。ある日、先生の奥様が突然私の下宿に訪ねてこられて、「戸沢さん、信州からおいしいお味噌が届いたから、夕食に味噌汁を食べにいらっしゃい」と、いとも気やすく告げていかれた。私はたいへん驚くと同時にとてもうれしく、その夜はじめて先生のお宅へおじゃました。当時先生としげく行き来していた江坂輝弥氏が私の下宿を教えたのだということがわかった。その夜のことはよく覚えていな

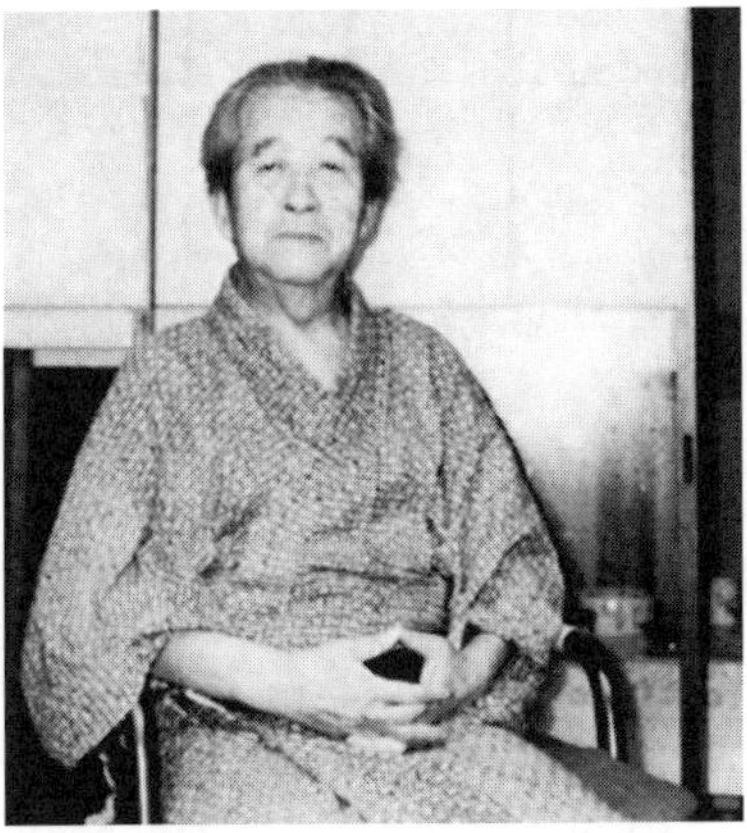

晩年の八幡先生（久我山のご自宅で）

いが、奥様も信州のご出身だから、話は信州、信州……でもちきりだったと思う。

その後も数回、先生のお宅におじゃましたことがあったが、いつも話は信州のことと、研究にはあまり関係のない、考古学のまわりのことばかりだったと記憶する。藤森栄一氏と杉原荘介氏、さらに和島誠一氏らが若い頃、新婚間もない八幡先生のお宅で、深夜まで大声で学問論、恋愛論をたたかわせて止まず、ついに先生の雷が落ちて退散したなどという話を、八幡先生はビールを口にしながら、なつかしそうにいつまでも話してくださったのをいまでも印象深く思い出す。

たまたまある夜のこと、話が先生の敗戦直後の旧満洲・朝鮮での抑留生活と、その後の引き揚げの苦労話におよんだ時、先生は涙を浮かべながら、同胞が見るにしのびない虐待を受けた様子を語り、最後に「スターリン元帥は許せない」と大声で叫んで、唖然としている私に向かって、「やあ、思わず……、すまん」といって、近くにあったタオルで眼頭を拭った姿はいまでも眼に焼きついている。それは政治でもイデオロギーでもない、先生の人類愛、人間愛であると、後でしみじみ思った。

そのうちに先生も久我山に居を移され、私も下宿がかわったりして疎遠にすぎた。後年、岡谷市の海戸《かいど》遺跡や樋沢《ひざわ》遺跡の調査、『岡谷市史』の仕事で先生のご指導を受けるようになり、信州で、それも郷里の岡谷や諏訪で、宿を伴にしていただいたりして、ご一緒することが多くなったが、その時も話題はやはり信州の人や土地や自然や歴史のことが主で、とくに昔の思い出ばなしなどを、あの静かで温厚な話しぶりで何回もお聞きした。また八幡先生はたいへん話の聞き上手でもあって、同席した人はみんな楽しんだ。

つい想い出がながくなってしまったが、とにかく八幡先生は私を研究者としてよりは、同じ信州の同郷人だという感じでおつき合いしてくださったように思う。おそらくそれは、研究者の卵として私が歩んでいる道と環境を、先生はよくご存知で、それでだまって温かく見守ってくださった、先生のやさしさだったといま私は思っている。

八幡先生が亡くなられる前年、私ははじめて学者として、また人間としての先生の学問について文章を書いた。『歴史手帖』の「長野県の考古学――考古地域史の確立を目ざして」というものである。お送りした雑誌の返礼をすぐ書いてくださった。「私の若い時のつまらぬ仕事を思い出させてくれてうれしく思います」といった内容の封書だった。

それ以来、八幡先生の「郷土考古学論」や、それを含む日本考古学では類まれな「先史学方法論」全般を、再評価するような論文を書きたいと思いながら時を過ごした。そして昨年（一九八七年）十月二十六日を迎えることになってしまったのである。

八幡先生のご葬儀に参列した日の夜、たまたま大学の夜間部の講義があって、そこで私は「追悼、八幡一郎先生と地域研究」という特別講義をした。私の教室での話にしてはめずらしく、その夜の講義では学生の反応がよかった。

ついで今年（一九八八年）の一月、八幡先生もご縁の深い諏訪教育会の郡史編纂部の主催の研修会で、「諏訪史第一巻と考古地域史」という話をした。いまあの『諏訪史第一巻』を新しくつくりなおすという計画が具体化しつつある。八幡先生のご遺志をより発展させることが新しい事業の使命だという話をした。

そして五月、諏訪考古学研究会の発足の記念講演を頼まれて、「考古地域史のめざすもの」という題で、若い世代の諏訪の研究者たちに、八幡先生以来の諏訪の考古学の伝統を生かした、新しい考古学の創出を訴えた。

この原稿はそうした何回かにわたる話の骨子を、八幡先生の学問の一端にふれることを目標においてまとめたものである。言葉の足らない、意のつくせない拙文であるが、これからとりかかる信州での二、三の仕事を通じて、八幡先生の残された偉大な業績を、より多く、またより深く理解したい。

（一九八八年）

第五章　執念と情熱の考古学と教育

——杉原荘介の遺産への想い

目的に向かってまっしぐらに生きる

杉原荘介《そうすけ》先生は、一九八三年（昭和五十八）九月一日、六十九歳の年に亡くなられた。それは明治大学の専任の教授として定年退職を迎えられる半年前のことであった。

まだけっして高齢にすぎるお歳ではなかったし、亡くなられる前の年には韓国各地の調査旅行を実行され、またその夏には若い大学院生を陣頭指揮して、石川県河田《かわだ》遺跡の発掘をされている。それればかりか著作活動の上でも、一九八一年から八三年にかけて二冊の大部の報告書を編集・刊行されるなど、杉原先生よりずっと若い研究者である私などでもとうてい及ばないような、実に旺盛な研究活動を最後まで続けておられた。

しかしその間、先生の健康は最悪の状態に近づいていたはずだった。私自身なん度か先生の調査旅行などに同行し、また日常の大学での仕事をいっしょにしていて、時には痛々しいほどの先生の身体の状況を目にしていたが、先生はご自分の健康のことに話がふれることをいつもきらって避け、病身にむち打って、死を迎える直前まで教室に出て、自らの生涯をかけた研究の成果を、若い学生たちに語りつづけようとした。先生のこの最晩年の教室の姿の中に、学問と教育に対する執念と情熱を燃やしつづけた、考古学者杉原荘介の生涯のすべてを見ることができると思う。

先生の死後すぐ、『考古学者・杉原荘介――人と学問』（吉川弘文館、一九八四年）という本がつくられた。そこに掲載されている座談会「考古学者・杉原荘介」を見ると、その見出し（話の進行）が次のような項目となって並んでいる。

（一）人情と友情の学者、（二）戦地で登呂の発掘を構想、（三）青年考古学者の情熱と哲学、（四）若い研究者とのつきあい、（五）研究の先駆者とそのたたかい、（六）研究の組織化と指導性、（七）朝鮮半島と中国大陸への執念、（八）すぐれた計画性と決断力、（九）旺盛で積極的な学会活動、（十）多彩な活動と包容力の学者。

この十項目の見出しの表現は、杉原先生をよく知る考古学研究者七名の方々が、「歯に衣を着せぬ」語り口での座談の中で、自然に出てきた言葉を拾ったものである。ということは、その見出しのそれぞれが、考古学者としての杉原先生の姿をあらわし、日本考古学史の中で一つの時代を画した、杉原先生の考古学に対する、学界での位置づけや評価を示す「キー・ワード」ともいえるものであろうと考えられる。

以下、こうした学界活動とともに、明治大学教授としての一面を加えながら、いくつかのエピソードをつなげて、「杉原荘介像」を描いてみたいと思う（以下、とくに注記のない引用文は『考古学者・杉原荘介』から引用した）。

在野の研究者としてのスタート

杉原先生は一九三一年（十八歳）に府立三中（現両国高校）を卒業するとすぐに、当時、東京一の和紙問屋といわれた「杉原商店」（生家）の家業を継ぐことになった。

それから約十年後に出版される先生の最初の著書『原史学序論』、この本のことは後で詳しくふれるが、その本の序文に先生はこんな言葉を書いている。

「……少年の日、学友達と相誘い、下総姥山《しもうさうばやま》貝塚を訪れて、始めて見る古代の廃墟に、私は無量の感慨を覚え、大きな迫力に身を委ねざるを得なかった」

少年の日とは実際にいつのことか不明だが、先生が出た府立三中には、一年先輩で後に早稲田大学の教授となった滝口宏氏、そして一年後輩には日本古代美術史の大家となった町田甲一氏などがおられ、それらの人びとともにいわば「考古ボーイ」として、考古学への道に入られたのである。その「杉原少年」が、家業につくため大学進学への夢を断たれることになったのは、どんなに大きな悩みであったことか、その苦難をのりこえて書きあげた『原史学序論』の序文に、「少年の日……」と書きのこした先生の気持ちは察するに余りある。

しかしそこで挫《くじ》けないのが杉原先生の強さであった。中学時代に入会していた「武蔵野会」をはじめ、「日本人類学会」「日本考古学会」「東京考古学会」などに次々と加わり、とくに早くから会員であった「武蔵野会」では、会長の鳥居龍蔵博士から目をかけられ、しばしば博士のお宅に行くなどとても可愛がられたようだ。「オレの考古学の恩師は鳥居龍蔵博士だ」という、杉原先生の誇らし気に話す言葉を何回か聞かされたものである。

また家業を継ぐ決心を固めた時には、仕事のかたわら考古学の勉強を続けることを、ご両親に約束させている。その父親からの資金を得て、中学卒業の翌年には千葉県飛ノ台《とびのだい》貝塚（縄文早期）を自費で発掘し、また単身、朝鮮半島や旧満州への調査旅行を敢行している。

そうした自費での発掘や旅行はその後も続き、須和田《すわだ》遺跡等の諸遺跡は、いずれも学界で注目され、弥生土器や土師器《はじき》の編年研究の上で標準遺跡となり、杉原先生のその後の業績の基礎となるものだった。

それらの発掘の中の一つ、群馬県岩櫃山《いわびつやま》遺跡でのエピソードを紹介しよう。これは当時国学院大学の学生で、杉原先生の「私設助手」のようにくっついて勉強をしていた乙益重隆氏（後に国学院大学教授、一九九一年没）の語りのこした言葉である。

「……その夜のことですが、あまり僕を怒りつけたものですから、それにこちらもだいぶふくれ返っていましたので、少し機嫌を直すようにという意味でしょうか、杉原さんが今夜は町中の芸者を揚げて飲むから期待して待ってろと言うのです。ところが夕方になって、手にひびやあかぎれの切れた女の人が一人やって来て、三味線を一つ持っているんですが、歌は二曲か三曲しか歌えないんです。それも地元の民謡しか歌えないんです。それがおしゃくと話相手をするだけなんです。町中の芸者総揚げというのはどういう意味だろうと思っていたら、町中で芸者はその女の人一人しかいないのだそうです（笑い）。ふだんは百姓をやったり縫物をしたりしながら渡世していて、お客さんがあるときだけ呼ばれて来る芸者さんなんだそうです。あのときは期待していただけにガックリさせられたものです」

乙益先生が叱られたのは、重い暗箱式のカメラのピントグラスを、崖のような道を登る時、岩の角にぶつけてこわしたためだったようだ。それはともかく、一度叱っても後はケロリと忘れるというのが杉原先生の「性癖」だが、引用の文章はそのための先生の気づかいにかかわるエピソードといえる。当時杉原先生はまだ、二十六歳、乙益氏以下若い学生数名に「町中の芸者総揚げ」で元気づけようというのだから、もうたいした貫禄というか、親分肌というか、一人前以上の調査・研究の指導者の貫禄を備えていたということがわかる。「総揚げ」というのが、たった一人だというのも、先生の茶目気のあらわれで、その後もしばしば私たちが経験したことである。

いずれにしても、こうしたエピソードの一つひとつから知ることは、フィールド調査をもつ考古学の研究者としては不可欠の資質ともいえる、統率力と指導力というものをはじめから十分に備えていたということである。それは先生が在野の考古学者として本格的な研究生活をスタートしたという事実と、けっして無関係ではないと私は思う。そしてそうしたアマチュア精神が、杉原先生の生涯を貫く、学問観の重要な伏線としてあることを、私たちは改めて記憶すべきだと考える。

友情・人情と学会への奉仕の心

戦前の杉原荘介先生の学問にとって、最も重要な「仲間」との出会いの一つは、「東京考古学会」を軸にした学会活動だったと思う。この学会は、森本六爾《ろくじ》氏が主宰して多くの英才が集まり、戦前の日本考古学史の中で最も輝かしい光を放った、在野（アマチュア）の考古学団体だった。

杉原先生は大きな紙問屋の社長としての財力を活かし、それ以上に森本氏への敬愛の念、小林行雄・藤沢一夫・藤森栄一氏等への友情の念を深くもち、日本橋の杉原商店の一角（当時の自宅）に、「東京考古学会」の「東京研究所（東京支部）」の事務所を提供するなど、この学会への奉仕と活動を献身的、積極的に行った。ここでまた当時の杉原先生を知る証言を、先生の最も古い友人の一人であった藤沢一夫氏の言葉で紹介しておこう。

「……ともかく初めて訪ねて行ったときは、晩方に行ったんだったかな。いきなり、ダンスホールへ連れて行かれましてね。踊れっていうんです。チケットをたくさん持っていて、これをやるからと。私はもちろんはじめてのことだし、踊らないでいると、杉原さんは知らなくたって踊っていたら気持ようなるからといって何回もすすめるんですね。ダンスホールを出てから飲みに行きました。踊ってから飲みに行くと気分がいいから、その後で勉強したらいいんだと、こう杉原さんはいうんです。私はそういう勉強をしたことがないのですが、ダンスをして、その後飲んで、気分を良くして勉強したらいいということなんですね」

ダンスに連れて行かれて藤沢氏はだいぶとまどったようで、それがよいことだったかどうかは別としても、自分流儀の誠意をつくす「杉原流」のもてなし方といえようか。以後、藤沢氏との学者としての交際は、生涯変わることなく続いたことはいうまでもない。

次は敬愛する森本氏が鎌倉の寓居で淋しく死を迎えた時の藤沢氏の回想である。

「……そこへ杉原さんがやって来たんです。ダンスをやっている杉原さんと違うんです。今度は羽織り袴で扇子を持って来られまして、その扇子を森本さんの枕許に置いて、手をついて何だか別れの言葉か何かだと思うんですが、長々としゃべっておられる。私はもう涙が出てしょうがない。彼が何を言っているのかしらないんです。誰もいないし一人で泣いていたら、そこへ来て彼は涙を流さないで、一生懸命長いこととしゃべっているんです。お別れを言ってたみたいです」

亡き師森本六爾氏の墓前に立つ杉原先生（左端）。右へ丸茂武重、酒詰仲男、和島誠一氏など当時の東京考古学会の仲間たち。

尊敬する師、森本氏の死に直面した杉原先生の真心の情を伝える場面である。後に藤森栄一氏はこの時の杉原先生の言葉は、森本氏の遺志を継いで、自分たちで、「東京考古学会」をさらに立派な学会として育てること、森本氏が基礎を据えた弥生文化の研究を完成させることなどを切々と誓ったのだと書いておられる。そして京都での生活に行きづまって東京に移り、健康を害していた生前の森本氏を、杉原先生は経済的にも精神的にも、献身的にお世話をしたとも伝えられている。

「東京考古学会」に限らず、杉原先生の学会活動への参加、積極的な奉仕の姿勢は戦前から戦後にも引き継がれる。戦後日本考古学の再出発のきっかけとなった静岡県登呂《とろ》遺跡の発掘、日本考古学協会の設立と運営への参画など、研究者としての杉原先生の生涯を彩るきわめて重要な業績である。そしてそうした数々の学会活動におけるオーガナイザーとして、またリーダーとしての力量は多くの考古学研究者が等しく認めるところである。そのことに関する評価の声を二つ紹介しておく。

「……そんなこんなでいろいろ欠点や批判もあるんだが、しかし一つのことを思いこんだら、とことんまでやるという集中力はたいしたものだったと思いますよ。岩宿だってその成果だと思うし、協会の各種の委員会の仕事もそうだったたですね」(坪井清足《きよたり》氏)

「……弥生の研究を戦前から始められて、これだけいろいろなことがわかってきている。弥生についてわれわれがわかってきていることは、杉原先生の行動力、組織力がなければ、これほど鮮明になってきていないと思います」（佐原真氏）

杉原先生は「交通便利な明治大学」に、よく各種学会の総大会・研究会・委員会などの行事をお呼びしていた。その都度、まだ学生・院生だった私たちが、お茶くみや書記などの役でかり出され、「うちの大学は学会の総会屋じゃァネェよな！」などと文句を並べながらも、そのことを通じて多くの学者と知り合い、また実にいろいろなことを学んだものである。

青春の情熱と哲学

さて、家業と考古学の狭間《はざま》で「杉原青年」は、在野の研究者としてアマチュアの枠を越える最高の学問の質を求めつづけた。前述のように自力でいくつかの重要な発掘を手がけ、東京外語大学で聴講生としてフランス語やドイツ語を学んだのも、いずれはヨーロッパに留学する準備だった。藤沢一夫氏の回想談で紹介したダンスのことも、同じ目的につながるものだと後に語っていた。そのダンスにまつわる話題は、登呂の発掘の最中でも、また大学教授の生活の中でも絶えることがなかった。学問の質の向上とダンスとはちょっと結びつけにくい気がしないでもないが、これはまたの機会に話をすることにしよう。

青年時代の杉原先生の勉強を特色づけることに、哲学への傾倒という事実があった。その頃、杉原先生のところに出入りしていた乙益氏がこんな回想談を残している。

「……もう一つ当時の杉原先生の発掘以外のことというと、先ほども話に出ましたが、先生は哲学の研究に凝ってまして、仲間と一緒に「あしかび会」という会を組織していました。その哲学は新カント派の哲学でして、ヴィンデルバンドを中心とする哲学なんです。そして私にもそれを読めと言われました。ちっともおもしろくないのですが、何か考古学の役に立つのかと聞いたら、こんなの知ってなければ駄目だと言われたので、仕方なく字引を操ったりして読んでいました」

この回想談にあるヴィンデルバンドの哲学とはどんな内容のものかを、試みに『広辞苑』で拾ってみると、「文化科学の認識論的基礎づけに努め、価値哲学の組織化をめざした」と書かれている。そして一九二〇年代に世界に影響を与えはじめた考え方ともいわれているから、ちょうど杉原先生の青年時代に日本でも新しい哲学思想として紹介され、それにしゃにむにとびついたのかもしれない。

哲学のむずかしい内容はわからないが、杉原先生が一九四三年（昭和十八年）三十歳の時に本になった『原史学序論』の記述を、ヴィンデルバンドのいう文化科学を考古学に、また価値哲学を歴史学に読みかえてみると、「考古学の認識論的基礎づけに努め、歴史学への組織化をめざした」ということになり、「考古学的方法による歴史学の確立」と副題のつけられた『原史学序論』の目標、その哲学的基盤とよく整合するのではないかと考えられる。

『原史学序論』については後でふれるが、とにかく青年考古学者杉原荘介が、アカデミズムの考古学に負けない質の高い考古学の研究を自らに課したその基礎には、考古学の中に哲学やあるいは歴史学を生かすという点に、杉原考古学の全体系を決定づける最重要な要素があったことを記憶すべきであろう。坪井清足氏がこう語っておられる。

「……杉原さんの学問が、常に哲学を持てというような所を意識していたということは大切で、いまの若い人たちが現象ばかりを追うという考古学の風潮の強い中で、よく見習うべきところだと思います」

同じ坪井氏の証言だが、哲学する青年考古学者杉原先生のことを、当時の学界では「富士アイス」と冷やかし半分で評していたそうである。冷たくて高くて近よりがたいといったほどの意味で、また頭を冷やせといったからかいの内容もこめられていたようだ。その背景には戦前のあの時代、実証主義はなやかなアカデミズム中心の日本考古学界では、杉原先生のような学問の姿勢、それは「東京考古学会」の主要メンバーであった森本・小林・藤森氏といった人びとに共通したものだったが、そういう「在野考古学」の青臭いともみられがちな議論や研究を、正当に受け入れる雰囲気がなかったからではないかと推測できる。

その意味で、先ほども指摘したように、杉原先生の考古学には、在野の考古学の情熱、アマチュア考古学の精神が生きていたのだというべきであろう。ここに藤森栄一氏の名著『峠と道』にのっている一つの文章がある。それは学問に激しい情熱を抱き、高きを求めて哲学する杉原先生の、すさまじいばかりの青春像が活写されている名文である。スペースの関係で一部をカットするが、ぜひ味わってお読みいただきたい。

「昭和も五年、わたしが二十三歳、若くてきっと、わたしのいちばん体力が充実している頃だったと思う。東京から三中を出た杉原荘介君がやってきた。上諏訪の私の家についた杉原君は、いちばん天に近いところへ連れていけというのである。それならというわけで、ホームグラウンド八ヶ岳の赤岳をやることになった。美濃戸から登って行者小屋で泊まった。ところが、翌朝は雨、七月のつゆの間だったから、これはやむをえない。私は一応の登山スタイルだったが、杉原君はハードカラーのワイシャツにカフスボタン、立派な背広にソフト帽、短靴というゼントルマンスタイル、なんぼ八ヶ岳でも、これでは駄目だ。帰ろうというが杉原君は承知しない。

――オレは天にいちばん近いところを目ざしてきただけで、別に雨とは関係ない――と何としてもきかない。つゆだからじっとり降りしきるだけで、歩けないということはない。ところが、阿弥陀の頂へ出ると、すごい風である。杉原君はいくら中折をすすめても、——オレは登りにきたんだ——といってきかない。そしてとうとう赤岳へ登り切った。雨はそう激しくなかったが、なにしろ横なぐりなので、下着もなにもたまったものではない、ずぶ濡れである。杉原君はカラーはもぎれとび、いつの間にかカフスはとれて、袖口は長く氷の棒のように下がっている。——これはあぶない——わたしは少し心細くなってきた。

若かった頃の杉原先生（右）と藤森栄一氏。
この頃二人は雨の赤岳山頂登山を決行した。

杉原君はその風雨の中でゆうゆうリュックを開き、やおら一冊の厚い本をとり出した。カントの『純粋理性批判』である。かれはやおら、カント氏を天空にささげ雨を呑んで一息ついた。そして祈った。——星辰は天にあり、真理は吾にあり——俺はそのために、カントに祈るためにこの山にきた。そ

して、わがあゆみは目的に向かってのみ、まっしぐらに忠実である、という意味のことをいった」（『峠と道』、学生社）

考古学の中心をめざして

昼は角帯《かくおび》をしめた和服姿で杉原商店の社長に納まっていた杉原先生は、夜になると羽織、袴を学生服にきちんと着替えて、明治大学の専門部（夜間）地歴科に通うようになった。一九四一年（昭和十六）二十八歳のことである。当時すでに考古学界の大家であった後藤守一《しゆいち》先生が、考古学や古代史の講義をもっていたからだ。専門部学生の二年間、無欠席・無遅刻で、卒業成績は抜群のトップだったとのことである。その頃、杉原先生より少し後輩で同じ専門部に席をおいていた木村礎《もとい》氏（後に明大教授・学長）が、学生杉原荘介の第一印象を次のように回想している。

「……そしたら、誰かが、あれが、杉原荘介だと言うんです。僕は杉原荘介の何たるかを知らなかった。出席簿を持って階段を上がっていく後ろ姿を、誰かが指して、『あれが、杉原荘介だ』と言った。今、年譜を拝見したのですが、それは、昭和十八年の四月のことです。それまで杉原さんは、四十八篇の論文を書いておりますなぁ。驚いたね、まあ。本は『遠賀川《おんが》』を出した直後だと思います。私は、何も知らない青年ですから、『遠賀川』よりも、むしろ『原史学序論』のほうが印象があるのです。あの人は偉い学生で、間もなく『原史学序論』という本がでるのだと。『原史学序論』が出たのは十二月ですので、春のことですから、それが出る前だったわけです。なるほど偉い学生がいるのだなと思った。それが、私が杉原荘介という名前を覚えた最初なんです」

この文を読んでわかるように、なにしろ最初から「大物学生」だとまわりから見られていた。そして卒業の年でもあり、戦地へ召集を受けた年でもある一九四三年（昭和十八）に出版された『原史学序論』は、実に杉原先生の卒業論文でもあった。この本を手に召集された杉原先生は、しかしはたして生きて再び考古学をやれると考えていたのだろうか。

召集令状を受けた杉原先生は、すぐに中支派遣軍に配属され、上海に渡って兵役につき、やがてそこで終戦を迎えることになる。その上海で偶然にも一緒になった江坂輝弥氏が、戦時中の杉原先生の生活ぶりを知る貴重な証言を残している。そしてもっと重大な登呂遺跡発掘の構想を話しかけられているのである。

「……終戦後は同じ部隊ですから、私は司令部にいて、杉原さんは初め司令部におられたんです。そこでは奥村中将（杉原夫人の父君）の息子だということで非常に大事にされて、将校集会所の風呂炊きをやったり、炊事の手伝いなど隊内の仕事をされていました。私がそこへ、ときどき煙草だのお菓子を持って慰問に行ったものです。その時杉原さん、風呂を炊いたり、うどん粉を練りながら、登呂遺跡は非常に大事な遺跡だ。俺は兵隊から帰ったら、おじさんの有光次郎文部次官を動かして、文部省から資金を出させて、考古学者総動員して登呂遺跡を掘るんだと私に話されました。本当に先生やる気かなと思ったんですけれども、陸軍一等兵として風呂炊きなどをしながらも、登呂遺跡の調査の構想を上海で練っておられた。そういう学問的な情熱には実に敬服したんです」

〝杉原一等兵〟の兵隊らしいけなげな生活ぶりと、戦地にあって早くも、帰国後の考古学への情熱を燃やす、考古学者杉原荘介らしい姿がよく語られている。

復員・帰国された杉原先生は、一時、文部省の役人になる。杉原商店は召集令状の来た時に解散し、店は年来の番頭さんに譲ってしまっていた。文部省では紙問屋の体験を生かした教科書の用紙の配給や統制を扱うのが本務だった。

しかしここで杉原先生は本務をはみ出して、日本考古学史の上でも、また日本の歴史教育史の上でも画期的な意義をもった仕事に関係することになる。それは『くにのあゆみ』という歴史教科書の編纂にあたって、当時の文部省には考古学の専門家がほかにはいなかったので、先生が唯一人の専門家として意見を述べ、資料を提供するなどして、新しい日本歴史の第一頁に考古学の成果を盛り込むことに貢献したのである。

『原史学序論』『くにのあゆみ』、そしてその後の研究へと続く杉原考古学の歴史志向、つまり考古学は歴史学であらねばならないという学問観の一つの貴重な実践として、『くにのあゆみ』編纂への杉原先生の参画があったのだと私は位置づけている。そしてそのことを可能とした日本の敗戦は、考古学の中心をめざす杉原先生の再スタートの鐘だったと思う。

明大考古学の基礎

一九四七年（昭和二十二）、三十四歳で杉原先生は母校明治大学の教壇にはじめて立たれ、翌年には専任の助教授となって、以来三十五年間にわたり、明大教授として、また戦後日本考古学の大きな流れをつくる学界の中心的な存在としての数々の業績を果たされることになった。次の文は明治大学で永年同僚教授であった神田信夫氏が語った、杉原先生の大学での活躍のようすである。

「……昭和二十四年に新制大学が発足して、私も専任になりました。杉原先生は、それこそチャキチャキの青年将校といったような感じだったですね。それで、登呂をやり、岩宿をやり、そちらの面でも張り切っていました。学問的なほうは、皆さんご承知でしょうけれども、明治大学の考古学専攻を起こすという、それもあったんでしょうね。それに、いつ潰れるかわからないような弱体な文学部になんですよね。それを、とにかく何とかしなくちゃならないという使命感に燃えていたんですね。そのエネルギーというか、バイタリティーというものは、凄まじいものがあったように感じましたね」

終戦直後のまだ戦地にいる陸軍一等兵の杉原先生が、帰国したら登呂の発掘をすると構想をぶちあげたことは、先の江坂氏の証言にあったとおりだ。一九四七年にはほんとうにその登呂の発掘が、日本考古学界あげての規模で始められた。計画から準備・実行にいたるまで、杉原先生は文字どおりその牽引車であった。

「……いままで多く会った書斎派の学者のタイプとちがう、馬力の強い学者だった。学生たちをときにべらんめえ口調で叱咤激励し、地方の農地委員会と徹夜でわたり合うし、どしどし計画を実行に移していく実行型の学者だった。腹の底にはひとすじの強い信念があったのだろう」

このように登呂での杉原評を語ったのは、当時、毎日新聞静岡支局の記者で、登呂発掘の推進に大きな役割を果たした森豊氏である。

1950年夏の登呂遺跡の発掘。機械一つなく、道具も食料も不十分で、泥土に挑む学生は“地獄の沙汰”と嘆いた。上中央に立って指揮するのは杉原先生。

文部省などからもなにがしかの研究費を引き出したが、それは全国から集まる大発掘調査団を運営するに足る金額とはほど遠いものだった。だいたい敗戦直後の混乱した社会状況の中で、食糧もろくにない時代のことである。そこで杉原先生は親ゆずりの高価な家財、例えば有名な日本画家の作品などを処分し、それを調査費につぎ込むようなことがしばしばであったと伝えられている。

登呂の発掘をさらに全学界的に推進させることを一つの名目として、日本考古学協会が一九四八年（昭和二十三）に設立されるが、その準備や折衝も杉原先生が中心となって進められた。しかし協会のことについてふれておけば、先生は最後までその委員長（会長）の職につくことはなく、いつも陰の牽引車となって「奉仕」していた。

こうした学界の大事業と並んで、日本の私立大学にはじめて考古学専攻講座が設置された。一九五〇年（昭和二十五）のことである。初代の主任教授は後藤守一氏だった。我田引水の評価かもしれないが、明大考古学講座の開設は戦後の日本考古学史上、実に大きな画期的な事件だったといわなければならない。そのことは戦後日本考古学の動向をみれば、きっと多くの方々に理解いただけるものと思う。

ところでその考古学専攻講座の基礎を強くするために、杉原先生は後藤教授を助けていろいろと努力を尽くすわけだが、その一つは専攻学生を徹底的に鍛えることであった。たまたま両先生が中心となって進められていた登呂の発掘が、学生を鍛え、自信をもたせるための初期の頃の格好の舞台となった。当時一番鍛えられた学生の一人だった大塚初重《はつしげ》氏（後に明大教授）はこんなエピソードを語っておられる。

「……昭和二十二年七月の中旬から、登呂遺跡の発掘の第一回が始まるのですが、それにわれわれが参加する前の日に、登呂の発掘に参加する学生は集まれと集められて、本館の屋上へ上げられて、杉原先生が、屋上のコンクリートの上に白墨で、直径五メートルぐらいの円を書いて、柱穴を四つ書いて、平板を立てて測量の実習です。出発の前の日に、こんなふうに測量するのだと教わって、翌日、登呂遺跡に乗り込むわけです。東京をはじめ各地の大学から学生が、四、五十人来ているんです。測量できる学生は、手を挙げろと杉原先生が言うんです（笑い）。はーいと言って手を挙げたのは明治だけなんです。それが、前の日にやったばかりだ（笑い）。そんなところも、杉原先生に〝明治負けるな〟というところがあったんじゃないですかね」

こうして登呂の発掘現場では「杉原飯場」と呼ばれた明大生が、めきめきと力を発揮するようになった。しかし明大生が割り当てられる発掘区は、深い泥の中の水田址や溝が多く、合宿所の掃除や雑務なども、杉原先生の叱咤激励を受けて率先してやった。そして夜は近くの農家から仕入れる密造のカストリ焼酎で、先生を中心にして青春を謳歌しつつ、明大考古学の伝統の基礎をつくってきたのである。

考古学の仕事は「三K」だからなどといって、発掘現場を敬遠するいまどきの学生諸君からしたら、まさに地獄の沙汰かとも見える登呂の現場は、しかし将来の日本考古学に向けての理想と信念がほとばしる場だったのだ。そしてそこに参加した後藤・杉原両先生と学生たちにとっては、その後の明大考古学の原点に立つアルバイトだったのである。

実行力・組織力と行動の考古学

敗戦直後の日本考古学史の中で、登呂遺跡の発掘と岩宿遺跡の発見は、最も輝かしい成果だった。それは日本歴史の書きかえを決定づけ、そして混乱した戦後日本社会に灯をともし、多くの国民に文化の喜びと復興への勇気を与える大きな力となった。

杉原先生がその二つの記念碑的な仕事の中心であったことは、声を大にして讃えるべきことだと思う。戦地で発掘への夢を固めた登呂はいうまでもないが、もう一つの岩宿の発掘も手をこまねいて待っていては、けっして達成できる成果ではなかったのである。

相沢忠洋氏の発見した石器が、江坂輝弥氏の自宅で芹沢長介氏の目にとまり、それが杉原先生に伝えられて、あの記念すべき一九四九年（昭和二十四）九月十一日の岩宿遺跡の試掘にいたった経過はよく知られることだが、その江坂氏が当時を回想して次のような感想を語っておられる。

「……相沢忠洋さんが私の家に来て岩宿発見の石器を見せ、それを芹沢長介君が同席していてそれを見、彼から登呂にいる杉原さんに手紙でこれを知らせたのです。手紙を読んだ先生が早速後藤先生にだけ話して、こっそり芹沢・岡本勇両君を連れて試掘に行った。あれがもし登呂が終わってから芹沢君と僕で行ったのであれば、あんな大きな発掘をやらないでちょっと見て帰ってしまったと思います。杉原さんだからあれだけ大きく掘って、下層までわかり、ああいう画期的な成果が得られたと思うんです。その後すぐまた鹿間時夫さんとか地質の人とも連携をとって、日本の先土器文化、旧石器文化というものの体系的な研究に最初に手を染められたわけで、杉原さんだからこそできたのではないかと思います」

このように、ほんとうにまだ考古学的には未知の世界に等しい赤土の中の石器に、注意を向けた相沢氏も立派だが、それを受けて直ちに岩宿に向かって行動をおこし、学界の中傷や冷ややかな声を聞きながら、勇猛果敢にローム層の発掘にはじめて挑んだ杉原先生の決断と実行力は、岩宿時代研究史の中に輝く業績として記録されたのである。

赤土を追う相沢忠洋さんと岩宿を掘る杉原先生。

専門に関わる杉原先生の主要な論文は、岩宿時代に関しては『日本先土器時代の研究』（一九七四年、講談社）、弥生時代に関しては『日本農耕社会の形成』（一九七七年、吉川弘文館）などにまとめられているが、論文よりも報告書の形で残された業績の多いのが、杉原先生の著述活動の特徴である。そして例えば『登呂』『日本の考古学』『弥生式土器集成』『土師式土器集成』など、学界を代表してまとめた編著書の作成にも、たいへんな精力を使った。

こうした著作活動も含めて、日本考古学協会の弥生式土器文化研究特別委員会、西北九州総合調査特別委員会などの委員長として研究活動に示した組織性と指導力については、学界全体から高く評価されているところである。

教育者そして人間杉原荘介

明大考古学の卒業生が何人か寄ると、学生時代に研究室や遺跡で杉原先生にひどくどなりとばされたという思い出話が、必ずといってよいほど語られる。だれもがこわい先生だったというのだが、不思議なことに叱られた当人が一番うれしそうに述懐する。

その代表的な一例が「金木《かなぎ》事件」といわれるものである。一九五三年（昭和二十八）、岩宿の発掘成功から四年後、明大考古学研究室は杉原先生を中心に全力を傾注して、より古い石器文化の存在を求めて、青森県金木礫層《れきそう》の発掘を実施した。新聞社の東京本社から取材記者が同行するほどの鳴物入りの発掘だった。しかし結果はいまではよく知られているように「前期旧石器」と予想した資料は、いずれもいわば偽石器《ぎせっき》つまり石器の形に似た自然礫ということで、結果だけからいえば大失敗の発掘に終わった。

調査結果の対応に苦慮する杉原先生と調査に参加している学生の間で、ささいなことから「対立」が起きた。そして夕食の席で先生と学生の間に立つ大塚初重・岡本勇両氏が、ついに先生と激しい議論になった。続きは大塚氏の回想談でご紹介しよう。

「……それで、僕と杉原先生と言い合いになって、俺の言うことがわからないような大塚なら、もう、おまえなんか弟子とも思わん。明治をやめろと言うんです。岡本勇君も同調して、僕と一緒に対杉原先生とやるわけです。大塚も岡本もやめろと。売り言葉に買い言葉です。そうですか、それじゃ今宵限りで辞めさせていただきます。長々お世話になりましたと挨拶をして（笑い）、興奮をして、僕も岡本君も泣いていますよ。泣きながら地下足袋やシャツをリュックに詰めて、夜の十二時頃、斜陽館（調査団の宿舎となった太宰治の生家）の玄関でキャラバンシューズをはいて、リュックをかついで出るんです。

そうすると女中さんが、大塚さんと岡本さんですか、ちょっと杉原先生がお話があると。もう話すことはないですから、僕らは今日限り明治大学の方を辞めて、〝止めてくれるなおっか

幻の「前期旧石器」の発見に挑んで失敗した、青森県金木礫層の発掘（1953年）。

さん〟じゃないですけれども……（笑い）。女中さんが、それは困る。私が杉原先生にどうしても呼んでくるように言われたから。それじゃちょっとと、はいた靴をまた脱いで、玄関にリュックサックを置いて、岡本君と僕と二人で二階の杉原先生の部屋に行ったんです。杉原先生何かご用ですか。ちょっと入れ。障子を開けて入ったら、熱燗が二十本ぐらいダーッとついているのです。ちょっと俺も少し言い過ぎたけれども、まあ一杯やれやと。じゃ、せっかくだから（笑い）、それでもうおしまい。学生諸君は心配して、唐紙《からかみ》の向こうから、戸沢君なんかもいたのじゃないかな、先輩辞めないでください、と僕らはやられました。涙ながらにね」

いうまでもないことだが、一人の考古学者の生涯を通じて、研究も生活もすべて順風満帆でことが進むなんてことはない。目的に向かってまっしぐらの、あの強い杉原先生にしてもいく度か失敗や苦悩もあった。大学当局から多額の調査費を特別支出させ、他学界の研究者やマスコミに参加・協力を呼びかけて行った発掘が、調査期間中に失敗だとわかって、これを記者会見等で公表する杉原先生の苦衷は察して余りあるものがある。

「金木事件」はその中で起こった一つのトラブルだが、同じような体験は多くの卒業生が多少にかかわらずもっている。しかしそのどれもが後に深い傷を残さず、また先生を批難するような原因にもならず、むしろ発掘の現場でなければ味わえない、また理屈では学ぶことのできない血の通った人間どうしのつながりとして、みんなのなつかしい数々の思い出として記憶されるのである。

これらのエピソードのように、時には余りにも人間的にすぎる一面を、あけすけに学生の前でも見せるというのが、杉原流の教育のやり方の一つだったとも思う。そうした開放性、そして発掘の合宿の夜に句会に熱中するなどといったロマンに支えられて、杉原先生の考古学への情熱はいつまでも若々しく、ほんとうに死の直前までついに消えることはなかったといえる。

『原史学序論』と書かれざる『原史学本論』

方法論の大切さを伝える

杉原先生の最後の希望は、生涯をかけた弥生文化の研究を海を越えた朝鮮半島・中国大陸など東アジア全体を見通した広い視野で完結することだった。一九八〇年（昭和五十五）と八一年、あの弱った身体でよくぞ中国・韓国の旅をやられたものだと、いまにして改めて先生の研究に対する執念の強さを想う。しかしそれ以上に研究を伸ばす夢を果たせないで終わった。

もうだいぶ病状が進んで身体も弱った頃だが、いつの時だったか杉原先生がポツリと私にいったことがある。

「オレの生きている間に、原史学本論を書くのはむずかしいな。君たちの時代にはそれをぜひ書かねばならないだろうな」と。

杉原先生の代表的著作の一つとされる『原史学序論』のことは、すでにいままで何回かふれたように、青年時代に在野の考古学者として研究者のスタートを切った先生が、学問への夢と情熱と苦悩の中で、アカデミズムに負けない質の高い学問の創造をめざして、考古学の中に哲学的思想や概念の導入を試み、新カント学派のいう「文化科学の認識論的基礎づけ、価値哲学の組織化」というテーゼを、「考古学の理論的（方法論的）基礎づけ、歴史学への組織化」という目標におきかえて、独自に構成した論文だった。

それならばそうしたテーゼのもとで書かれた『原史学序論』とはどんな内容の本なのか、それをいちいち説明することはこの場では至難の技である。一九七〇年代まで明大考古学専攻生は、研究法や演習の副読本として必読の書だったが、私も含めて大部分の学生が「難解で頭が痛くなる」と、文字どおり頭を悩ませたものである。

しかしそれなりに各自が一生懸命に読み、例えば私などは考古学的方法論の基礎概念である型式論・形態論・様相論を私なりに理解して、後に「先土器時代における石器群研究の方法」という論文の中で、「インダストリー・カルチュア論」の基礎理論として十分に活用させていただいたつもりだし、杉原先生の教え子たちが集まってつくった同人誌『考古学手帖』が、戦後の日本考古学に方法論や学史の重要性を広める役割を果たしたのも事実である。

いま『原史学序論』の内容の中心になる型式だ形態だ様相だといった方法論のことを、原稿用紙の字数で二百字足らずの紹介をしたわけだが、もうそれだけでも頭が痛くなる話だと思う。

というと『原史学序論』は役にも立たないつまらない本か、また明大生はみんな頭が悪くて、恩師の論文さえ理解しようとしないのかといわれるかもしれない。けっしてそうではない、『原史学序論』は大事な本であり、明大の考古学はその意志を引き継いで一つの伝統をつくっているのだということを次にお話ししたい。

考古学は歴史学であらねばならない

先ほど来、『原史学序論』の書かれた目的と新カント派の哲学のテーゼを、私なりに解釈して比較して説明した。すなわち『原史学序論』の目的は「考古学の理論的（方法論的）基礎づけ、歴史学への組織化」ということである。そのことを杉原先生ご自身はどのように論文の中で主張されているのだろうか。

中味の頁を繰ることはない。本の表紙を見ればわかる。『原史学序論』という表題の下に、小さな字でサブタイトルが書かれている。それは「考古学的方法による歴史学確立への試論」と書かれているのである。

これだ！　この副題こそ『原史学序論』が書かれた最大の目的であり、精神であり、また生命なのだ。むずかしい論文の中味をすべて理解できなくても、この副題のもつ重要性に気がつけばそれで十分なのだと、私は以前からいまの学生たちにも話している。
それはどういう理由か。杉原先生が『原史学序論』を書かれた時代、それはあの太平洋戦争のさなかだった。その時代が考古学にとってどんな時代だったかというと、考古学が科学的な研究やその成果を用いて、神話からはじまる日本歴史の中に口をはさむことなど全く許されない、いわば暗黒の時代だったのである。その中で「考古学的方法による歴史学の確立」を表明した杉原先生の意志は、日本の原始・古代史の真実を、神話とはちがう考古学的事実によって明らかにするという、日本考古学のあるべき姿への指針を示したものといってもよいのではないだろうか。

『原史学序論』再版本（1946年刊）の表紙。「考古学的方法による歴史学確立への試論」という副題が、本書の精神。

一九四三年初版本第四部の各論は、その時点でぎりぎりの範囲で書かれた、考古学的にみた日本の原始・古代史の歴史叙述の試みといえる。残念ながらその中には例えば「接触式文化」（縄文文化と弥生文化の接触によりできた文化の意）などに示されるように、皇国史観的な解釈に傾斜するおそれのある内容もみられるが、いずれにしても考古学の研究をとおして歴史叙述をめざすという意思表明は、当時としてはまれなことであったし、場合によればかなり勇気を要することだったはずだ。

それだからこそ『原史学序論』を、当時、一部の人がいっていたように哲学カブレで「富士アイス」である紙問屋の社長が、趣味で書いた論文などといってみすごすことのできない重要な意義があることを、いま改めて確認しなければならないと考える。

杉原先生は当時この論文を、ある政治的意図や反戦・反体制的な意識で書いたものではない。あるとすれば「在野精神」ともいうべき批判精神だったと考えられる。その点で新カント派の哲学や思想とは異なる立場に立ち、歴史学の位置づけについても杉原先生とは歴史観の異なる和島誠一氏が、戦後間もなく雑誌『歴史学研究』に、実にていねいな批判論文を書いていることが注目される。

和島先生の批判は私も納得するところだが、その批判を越えて和島氏も、「日本考古学における最初の理論書」として『原史学序論』を評価し、とくに「自然学であった考古学を歴史学に変革させようと試みた」点に最大の関心を寄せて、初刊本発行後すでに数年を経た『原史学序論』の詳しい書評を、戦後直ちに、改めてそれを書く必要があったのだと思う。

遺産としての書かれざる『原史学本論』

杉原先生が『原史学序論』で意志された、「考古学は歴史学であらねばならない」というテーゼは、その後の先生自身の各分野での研究、そして学界・社会的活動、そして明治大学での教育にも脈々として生かされてきている。

敗戦の翌年（一九四六年）に出版した『原史学序論』の再版本の自序に、杉原先生は次のような言葉を、力強く信念をもって書き残した。

「昭和二十年八月十五日を以て古い日本は終り、新しい日本が始まった。私達はその思ふところにより、はや建設に満身の力を致せばよいのである。（中略）此の新しい時代に、歴史学と考古学の問題は、より社会の表面に出でて論議されることと思ふ。此の時代に此の著書を以て生きることの出来る自分を幸福に思ふ。政治は又いつか否定の形をとることがあるかも知れないが、一歩まへへ進んだ文化は絶対に後へは退かぬであらう。貧しくとも学者の享ける恩恵や大である」（『原史学序論』、一九四六年版自序）

杉原先生の後半生はまさにこの言葉どおり、自らの研究や教育に満身の力をこめて生き抜いたものであったことは、いままでの私の話でおわかりいただけたと思う。

さて最後に書かれざる『原史学本論』を語らなければならない。最初の初版本では第四部に各論として、また新しい第六版本では第Ⅲ部に試論として、ちがった論文が掲載されている。これらがいわば『原史学本論』への試論であるとみてよいと思う。しかし後者の試論にしても対象は弥生時代に限られたものにすぎず、内容的にも歴史叙述としての構成として、まだ不完全なものである。ただし、不完全といっても、この論文は「考古学は歴史学であらねばならない」とする杉原先生らしく、弥生時代を考古学的な資料にもとづいて、包括的な歴史叙述として書くことをめざしたすぐれた論文であることにはかわりがない。

それでも杉原先生は、資料の不足や分析・解釈の不十分さを自らよく承知されていた。だからこそ死の直前まで、中国大陸などへの調査旅行に執念を燃やし、最後まで探究心を捨て切れなかったのである。

ひるがえって、いまなお生を得ている私たちの考古学の周辺はどうなっているか。今日は多くの言葉を費さないが、心ある考古学の研究者の多くは、日本考古学の現状に深い憂いの念を抱いている。その一つはいまの日本考古学界の状況の中で、考古資料を包括的・構造的にとらえて歴史叙述をめざす研究の方向性や哲学が失われつつあるということである。つまり「考古学は歴史学であらねばならない」という意志が薄弱になりつつあるのではないかという心配である。

こう考えてくると、杉原先生の書かれざる『原史学本論』は、私たちに残された大きな遺産であるのではないだろうか。『原史学本論』＝「考古学的方法による日本歴史の叙述」をみんながめざすことによってこそ、これからの日本考古学の新しい道を切り拓くことになるのだと、私は信じてうたがわない。

（一九九五年）

第六章　旧石器発掘捏造事件を追う

――私の考古学の自己検証

I　傍観者でありえない

座散乱木の「発見」の現場

一九八一年十月六日、その日私は仙台にいた。大学から派遣されて、全国私立大学国庫助成推進会議という会合に、二日前から参加していたからである。

最終日のその日は午前中から席に座っていても、会議の内容には身が入らなかった。出張前に石器文化談話会から送られてきた、座散乱木《ざざらぎ》遺跡第三次発掘の案内や地図を見ながら、いつ会議を中座しようか、仙台から座散乱木までの道順はどうなっているかなどを、時間を気にしながら考えていた。

そして遂に昼休みの時間になってしまった。私は思い切って同僚に「実は、大事な発掘を近くでやっているのでそこを見学したい……」と会議の後を託そうと話をした。するとその会議には前にも何回か参加した経験のあるそのベテランの同僚は「もう会議はいいですよ、私も一緒に連れて行ってくれ」ということになった。そこで時間や行程を考えると、とても列車やバスを乗り継いでという訳にはいかないし、同行する同僚はもともと史跡めぐりなど好きな男なので、そのことも配慮しなくてはいけないと考えて、会議場（東北福祉大学だったと記憶している）の前でタクシーを拾った。思い起こせばそのタクシーで帰途、多賀城跡等をまわったのだから、帰り着くまで料金メーターをにらみっぱなしだったのを覚えている。

とにもかくにも座散乱木に向かって急いだ。町から遺跡に行く前に渡る江合《えあい》川の橋は狭い木橋で、手前でタクシーを降りて歩いた記憶がある。現場は発掘終了直前で、発掘区や地層断面はもう、きれいに掘りあげられ、数人の学生らがいただけで、知り合いの主な研究者はみんな不在だった。

私が名を告げて見学を申し込むと、一人の青年が親切に案内してくれた。それが藤村新一氏だったことはずっと後から知ったことだが（あるいは名前を聞いても忘れてしまったのか?）、彼は石器がブロック状にまとまって出土した地点のことや、地層がきれいに層序的に堆積していることなどを、その現場を歩きながら話してくれたのだと思う。

それも大事なことだが、私は何よりも出土した石器を見たかった。それをいうと彼は、少し離れた宿舎にあるが……と、ちょっとためらった様子だったが、いいです、ご案内しましょうといって、宿舎（創生館）に連れて行ってガラスケースに入った資料を見せてくれた。

二、三の石器を手にとって、残りのすべてを見るまでもなく、私はとっさに「これは人工品の（自然石ではないという意味）石器で間違いないですね」といったように思う。待たしたタクシーのことが気になるので、石器を見たのは十分足らずの短い時間だったが、その間、彼、藤村氏は何もいわずだまって私が石器を観察するのを見ていた。別れ際に礼をいった時の彼のにこやかな顔がその後も印象に残った。

その日のことを河合信和氏は著書『最古の日本人を求めて』（新人物往来社、一九八七年）に次のように記述している。

「……明治大学の戸沢充則も現場を訪れた一人であった。（中略）たまたま居合わせた藤村が説明役に立った。地層を説明し、石器も見せた。クールに、これは石器ですね、これなら私にも分かります、と言って帰っていった、と藤村は回想する」

これは後の伝聞であるが、その夜、宿舎で藤村氏から話を聞いた調査団の人たちは「前期旧石器否定論の明治大学の戸沢も石器と認めたのだから……」といって乾杯をしたということでである。それゆえ、「前期旧石器論争」に結着がついたとされる座散乱木第三次調査の評価について、私自身にも研究者としての大きな責任があったのである。

それだけではない。一九八五年に先の河合氏が『科学朝日』に特集した「前期旧石器論争に決着はついたか」でコメントを求められ、座散乱木の成果を次のような言葉で語っている。

「……座散乱木遺跡の古い文化層の存在を認める。12・13・15層各上面は激しい噴火活動に伴った火砕流との一部地質学者の慎重論にみるように多少の不安感を残すが、次の点からこれまで知られていなかった三万年前以前の古い文化だと思われる。各層位がきちんと堆積し、出土した石器は原位置のまま集中して発見され、加工の痕も明瞭である。しかも上層に向かうほど石器の形態や技術に進歩の跡がみられ、文化に連続性が認められる」

この特集には私以外に七人の考古学者と、人類学・地質学・古生物学・年代学など七人の自然科学者のコメントが収録されているが、概観すると自然科学者の多くは否定的ないし慎重なコメント、考古学者のほとんどは条件や若干の疑問を示しながらも、おおむね一定の評価をしている。それはそれ以前の、出土資料が石器か自然石かで争われた「前期旧石器論争」を経て、間違いなく人工のものと疑うことのできない「石器」が、一定の年代が明らかな地層から「出土」したという事実を、考古学の立場からまず重視したためだと考える。

それにしてもなお、同じ特集号には、考古学者小田静夫氏の「石器や年代などに疑問が残る〝遺跡〟」という、やや長文の談話が掲載されている。その内容はまさに、捏造発覚後の検証調査で明らかにされた、疑惑の実態の核心のほとんどを指摘したものといえる。小田氏は当時から私とは親しく言葉を交わす間柄であった。いまにして思えば、その頃、何回か「前期旧石器」は危ないという話をもちかけられたことがある。私は、まだ研究（発見）が始まったばかり、これからの経過の中で事実は明らかになるのだから、しばらく冷静に見守ろう、などと先輩面《づら》をして答えていた記憶がある。

先に紹介した十四名の研究者のコメントだってよく読めば、問題の所在は明らかだったはずである。それが、日本人の起源にかかわる考古学上重要な課題であったのにもかかわらず、なぜ学界の正当な学術的論議として発展しなかったか、いや、自分自身で発展させる努力をしなかったか、強い自責の念をもたざるをえない。

「前期旧石器」はなお慎重に

座散乱木の「発見」以前（以後も含めて）、いわゆる「前期旧石器」について、最もきびしい眼をもち、かつ率直に意見を述べていた考古学者の一人は、故杉原荘介氏であった。

杉原氏は一九六七年に「Sugihara's Hypothesisを破ってほしい」という論文を書いている。これはその後の「前期旧石器論争」の引き金になった論文として学史上の位置づけがされているが、この三十五年前の論文で杉原氏は何をいおうとしていたのか。一九八三年に杉原氏が死去した直後、私は「日本先土器時代文化研究の道標」（『駿台史学』60）という追悼論文を書いた。いまその一節を再録する。

＊

「杉原教授はこの論文の冒頭に、岩宿発見以後、上部旧石器文化に相当する文化の存在は確実なものになり『これにより日本においても中部旧石器時代、さらに下部旧石器時代の文化もあったろうというように、問題をよりはっきりしておいた方がよい』と前提を置いて記述を進める。前・中期旧石器の日本列島での存在を完全否定したわけではない。

しかし新潟県佐渡長木《ながき》、大分県丹生《にう》、同早水台《そうずだい》、栃木県星野、群馬県岩宿D地点などの前期旧石器といわれる遺跡について、教授はあるものについては遺跡を実際に訪ね、資料を検討した結果、現在では『わが日本には、下部旧石器時代さらに中部旧石器時代に関する遺跡について、その存在を実証できる資料はほとんどないことになる』と述べる。

そしてそのような現状の資料に対する理解の上に立って、より古い段階の石器時代の存在をさらに追究していくためには、『単に石器の形態の異同を比較するのではなく、それらの石器を製作した主人公を考慮する必要がある』と説く。

その主人公である原人・旧人はおそらく大陸から移住してきたものと推定されるから、その移動を可能とする大陸と日本列島の間の陸橋の存在が前提となる。その場合、更新世の時代に何度か形成されたといわれる陸橋の、どれを通って人類が日本にやってきたのか。また一度渡来した人類は列島内で先土器時代文化を作った新人にまで化成したのかどうかなど、問題はきわめて複雑多様である。

こうしたことを考慮する時『要は、下部あるいは中部旧石器時代文化の存否が論じられる時、より慎重な学風が起ってくるならば、それだけで私の希望が満されるわけである』とし、敢えて『私は日本においては下部旧石器時代、中部旧石器時代の文化は存在しなかったであろうという仮説を提案したいのである』という大胆な問題提起をおこなったのである。

しかしその仮説が〝定説〟になることは、杉原教授の本当の望みでなかったことは事実である。なぜならこの論文の題名がずばり示すように〝杉原仮説を破ってほしい〟というのが真意である。

この論文をきっかけとして、学界では前期旧石器論争が本格化し、その否定論の旗頭は杉原教授であるとして、さまざまな論評があった。そして近年（一九八一年）、学界や社会の話題をさらい、学界の多数もその古さを認めた宮城県座散乱木遺跡の石器についても、杉原教授はついに死を迎えるまで（一九八三年）、その評価については慎重であるべきだと、病床で話していたとも伝えられる。

したがって前・中期旧石器文化の慎重論の旗頭が杉原教授であったことは間違いないとしても、研究の芽を摘もうとして論争をひきおこしたのではなく、逆に正当な論争を進めることによって、問題点が深まる中で、真に日本列島の最古の歴史を担った人類とその文化と認められる資料の発見を期待したものであるとみるべきである（『　』内引用は杉原論文より）」

＊

長い引用文になってしまったが、もう二十年近く以前に書いたこの追悼論文で、私自身「その評価については慎重であるべきだ」という、杉原氏の遺言ともいえる慎重論を明瞭に記述している。その座散乱木が、捏造事件にかかわる検証調査で、前・中期旧石器時代の遺跡として学術的価値がないと判断され、文化庁が国の史跡指定を解除するという異例な措置をとらざるをえなくなったのは、つい最近（二〇〇二年十一月）のことである。

考古学と文化財行政について、これほど大きな不信を国民に与えた事態は、空前のことであり、こんな不始末を絶後とするためにも研究者と行政が責任の重さを十分に負わなければならないだろう。

その発掘調査の指導委員会委員長は、私が務めるという因縁になった。そして、「杉原遺言」を誠実に守らなかったことに対する責任をいっそう強く自覚した。

ところで杉原論文をきっかけとして「前期旧石器論争」が激しくたたかわされることになるのだが、それは杉原氏を前期旧石器存否についての完全否定論者と決めつけ、とくに座散乱木「発見」以降は、時として個人的な誹謗や誤解、学派的中傷の言葉をまじえて、論争そのものを不毛なものとしてしまった憾がある。生前の杉原氏は自分にふりかかる誤解や中傷が話題になることがあっても、ある時期がくれば真実がみえるだろうから余り気にするなと、周囲の者に笑いながらなだめる姿を幾度か見た。

いまそのみえてきた真実に照らして一例をあげれば、座散乱木の「発見」以来の「前・中期旧石器」研究に力をつくしてきた何人かの研究者を含めて、三十五年前、杉原氏が石器であることを否定した、当時の「前期旧石器」の大部分に関して、いまそれを真正な石器と認める研究者は実に稀といえるのではないだろうか。捏造事件発覚直前に出版されて多くの話題を生み、最近（二〇〇二年十一月）、その改訂版が発売された岡村道雄著『縄文の生活誌』（講談社）を見れば、座散乱木以降のほとんどの「前・中期旧石器遺跡」が抹消されていることは当然としても、それ以前に知られていた主要な「遺跡」は、すでに改訂前の旧版でも、ほとんど成果としては取り上げられていないことからもわかる。

いずれにしても杉原荘介氏の三十五年前の問いかけ、そして小田静夫氏の批判や指摘を、多くの「旧石器研究者」たちは、中傷や偏見で応えたことはあったが、真摯に受け止めなかった。同じように、杉原氏の後継者の一人として自他ともに任じていた私も、杉原氏の重い遺言を実行する努力を怠り、前節で紹介したように、座散乱木「発見」を安易に評価する誤りを犯した。

真実がみえない学会発表

日本考古学協会が毎年春秋の二回主催する総会と大会での研究発表は、全国の研究者が行う重要な発掘・発見、時にはある課題の研究に関して、最初に学界に成果を問う機会となることが多い。協会創成期にはまだ百名足らずの会員で、大いに議論をたたかわす討論の場であったという。

例えば私などまだ高校生で、とてもそんな権威ある学会のことなど雲の上の存在であった一九四九年秋、発見直後のかの岩宿遺跡の発掘報告を杉原荘介氏が行った時、いま日本考古学史にも名を残す著名な考古学者数名が席を立って、岩宿の遺跡や石器が旧石器時代であるという証拠は薄弱ないしは皆無として、杉原氏の報告を徹底的に批判したという話を先輩たちから何度も聞いた。

五二年に私が大学に入った頃でも、あれは〝アプレ縄文〟だなどとヤユをこめた言葉を吐く研究者は少なくなかった。もちろんこういった無責任なヤユ的評価のためだけではないが、杉原氏も岩宿の発見に冠した「旧石器」の呼称を控え、「前縄文文化」と言い直し、やがて最後は「先土器時代・文化」の呼称を積極的に用いるに至る。その間、学会では「プレ縄文」「無土器時代」などの用語が流行し、「先土器」の登場とほとんど時を同じくして、「旧石器」が使われはじめ、実はその延長上で「前期旧石器」への執拗な追跡が始まったという経過がある。ただしこの文脈はそれが偶然だったのかどうか、厳密な学史的分析が必要な事柄である。

話題がややそれてしまったが、私が考古学協会の会員になって、学界の活動などに直接かかわるようになった頃以後、協会の研究発表の場で印象に残る学術討論を経験したことは少ない（筆者の専攻分野の石器時代に限られたことだが）。たまたま学会で「前期旧石器」が話題になりはじめた頃の、協会の研究発表会の様子を書いた、当時の私の文章がある。「日本における所謂前期旧石器の諸問題」（『歴史教育』11・3、一九六三年）という小文である。

「一般に考古学の報告（書）には、当事者が信じた事実だけを事細かに説明し、それに対して不必要なことは一切はぶくという共通の欠点が多少にかかわらずある。したがって受けとる側はなるほどそうかと見すごしてすます結果になる。ましてや学界の権威といわれる学者が鑑定ずみの資料においておやである。幸いなことに長木の「前期旧石器」は一九六二年の秋の大会において、調査の情景を生き生きと示すスライドの映写とともに、実物が僅かな時間とはいえ供覧された。スライドの情景の中で心をうった（?）のは、山と積まれた礫（大部分は自然礫と解説された）の中から、石器らしい礫を選別して、その含有率を調べているところであった。……研究発表の会場ではこの報告はみるべき盛りあがりもなく、不可思議な沈黙の多い中で打ち切りになった」

という具合である。ことが「前期旧石器」にかかわる小文なので、同書の中からもう一つの事例にかかわる部分を抄録する。それは一九六二年の数カ月の間に、百九カ所という多数の「前期旧石器」の遺跡を発見した西日本のある地域からの報告である。

「……（多数の前期旧石器遺跡の）その確認の根拠がなんであったかを、僅か一〇分間の持時間で百以上の遺跡を紹介する報告では、十分に説明できないのは仕方がないにしても、一例でも確かな事実を知りたいと思うのは、全聴講者の心境であったと思う。矢継ぎ早に映写されるスライドには、海岸の絶壁がうつったり、一見、台地とみられる対象のつかめない遠景だったり、問題の旧石器らしいものが道路ばたに転がっていたりで、ただ漠然と見つめるだけだった。したがって発表後の質疑も要領を得ないことで終り、それを旧石器と信じる人はますます意を固くするし、そうでない人はひややかな沈黙を守ることになる」

こんな研究発表の風景は、ここに紹介した事例に限らない。その証言として、二〇〇二年五月の総会時に公表された「前・中期旧石器問題に対する会長声明」の中には、「日本考古学協会の研究発表会では、藤村氏等のグループの研究発表が異常に高い頻度で行われましたが、協会としては反対論者との討論を企画する等の問題意識もなく、結果的に捏造にかかわる調査を権威づけることになったことを反省しています」とはっきり述べている。

考古学に限らずどこの場面でも同じことだが、多数の人が参集する会場で質問や意見をいうのはたいへんむずかしい。とくに考古学のように発掘当事者だけが事実を実証的につかんでいる事柄について質問するときなど、たとえはよくないが、心臓に毛の生えるほどの勇気が必要なことも多い。

その勇気をふるいおこしてなのか、いやむしろ発表者に対して的はずれの質問になるのではないかと躊躇しながら、考古学協会の研究発表の会場で、「前期旧石器」に関係して発言した記憶が少くとも三回はある。あくまで記憶なので正確に詳細を再現できないが、あえてその時のことを思い出したい。重大な思い違いがあったら発表者におわびしたい。

その最初の記憶は、星野遺跡の第一次調査の報告の時（一九六六年）である。質問の内容は、発表者が中期旧石器時代に属する尖頭器《せんとうき》として、鮮明なスライドで説明した石器についてであった。ちなみにその後まもなく発表された報告書では「星野第三地点から出土した石器の中で、最も精巧な作りを示す尖頭器である。……他の石器と同一層中に包含されていた事実を疑うひともあるくらい見事な石器である」と説明されている。研究発表を聞いていて、また鮮明に映し出されたスライドを見て、その尖頭器のどこがどのように、いままで私などがよく見なれてきた、「前期旧石器」より新しい時代のものと異なっているのか、そのことを思わず質問してしまったのである。

答えがあった。それは、実物を手にとってみれば質問者にもわかるはずだ（モノを見ないで意見をいうのは失礼だ）。なお出土層位が乱堆積だなどという噂にまどわされないようにという意味の注意も受けた。つけ加えるならば石器が出土した星野上層部の土層が乱堆積の可能性が強いという一部の地質学者の見解があるという話は、研究発表の後ではじめて聞いたことであった（その後その土層は乱堆積であったことが地質学的に明らかとなった）。なお、その後も私は問題の尖頭器を眼にしたことはない。不勉強のきわみだったと思っている。

二度目は、多摩ニュータウン№.四七一―B「遺跡」の発表の時（一九八八年）である。この頃からだろうか、研究発表には司会者・発表者が決めるのかどうか事情は知らないが、予めコメンテーターと称する質問者・発言者が指定されていて、フロアーからの一般質問は受けない議事運営が決められていたようだ。そのきまりを破って質問の手をあげた。司会者はややとまたとえば、その一つに九〇年前後の学会発表で、一人の研究者が座散乱木の報告を聞いたようだが、発言を許可してくれた。発表者が報告の主内容のつけ足しのように話した「前期旧石器」の研究史に触れた部分が気になって（具体的な発言はよく憶えていないが）、座散乱木以前の研究史と、それ以後については、学史的にきちんと分けてとらえるべきだというようなことを、なぜかかなり興奮気味にしゃべった記憶がある。そして発言の後、その日は妙に落ちこんで、何人かの友人と酒場で時を過ごしたことを覚えている。

三度目の記憶は、かの高森の報告（一九九一年）の時だった。座散乱木「発見」から十年経過し、東北の「前期旧石器」研究も急速に年代を遡り、ついに十万年単位の古さをもつ原人の石器が問題になった、その代表的な「遺跡」の報告だった。ぼんやり報告を聞いていたが、ふと疑問が湧いた。

四万年前の中期旧石器といわれた座散乱木の石器は現場で瞥見した。その後発見されたより古い年代といわれる石器も、報告書等でなんとなく印象にはあった。しかし高森の石器は何十万年前の、それも原人というそれまでのものとは全くちがう古い段階の人類の石器群であるのに、なぜ数万年前から数十万年前までの気の遠くなるような長年代、座散乱木等と同じような石器が層位的に連続して発見されるのだろうか。自分は不勉強なので、そんなことがあるのかどうか教えてほしいと質問したのである。

答えがあった。全部が全部同じものがあるのではない。よく見ればちがうものもかなりある。石器の実物を見てもらえばわかるといって、かなり遠い壇上からわざわざ私の座席まで、ケースごと石器を運んできてくれた。私は周囲を気遣って照れながら、また次の機会にゆっくり拝見しますよといって、ガラスケースの上からざっと眺めただけで、礼をいって席を立った。これまた研究者的意欲と誠実さに欠けた恥ずかしい態度だった。

わずかな記憶をたよりに昔のことを書いたのは、研究発表の当事者をあげつらうためではない。ましてや私自身が多少なりとも「前期旧石器」の研究に批判的意見をもっていたというような、言い訳やアリバイを示すためではない。あの前・中期旧石器時代にかかわる捏造事件が、自分自身もその中に座を占めていた学界の中で、なぜ長い年月見逃されてきたのか、当事者の一人として少しでもきびしく自己検証してみたかったからである。

空しい歴史叙述

考古学界の中で研究者として、とくに「旧石器研究者」としてやや無責任な時を過ごしていた私は、その後、勤務していた大学ではなはだ多忙な年月を迎えることになる。学会などに繁く顔を出して、新しい知識を吸収したり、新鮮な刺激を受ける機会もほとんどなくなり、焦りの気持ちを押さえながら愚痴っぽく、「旧石器・縄文研究者」としての現役引退を、周囲の親しい人たちに宣言したりした。

そんな時ふと、「究極の目的は人類史探究」と号して、独自の学問体系をつくり、また尖石や与助尾根遺跡を生涯掘りつづけ、ともに八十歳余を生き抜いた喜びを語った、八幡一郎氏や宮坂英式氏のこと、そして「生きるとはただひたすらに生きること」と叫んで、最後まで考古学の灯を燃やしつづけた藤森栄一氏の生きざまに想いをいたした。大学で長い期間、師として、また先輩教授として過ごした杉原荘介氏も、きっと墓場の蔭から「戸沢も学内行政などにひっぱりこまれて、困った奴だ」と小言をいっているにちがいないとも思った。

しかしそんな私の個人的な想いには全く関係なく、その頃日本の考古学界は、異常なほどといってよいくらい、激しい勢いで変化をとげつつあった。自然科学の諸学問分野の積極的な考古学への参入によって（それは歓迎すべきことだが）、方法論的には型式学などに頼り、考古学は歴史学であらねばならないなどといった理念を支えとしてきた、私のような旧い考古学は、〝科学万能主義〟ともいえる新しい考古学の潮流によって、押しつぶされようとする形勢に、いまはある。前・中期旧石器の研究が捏造事件に引き込まれ、その事実を見抜けなかった一つの考古学方法論上の背景として、「層位は型式に優先する」という方法論上のテーゼがあったと論評されるのも、非歴史的ともいえるその潮流に関連がないとはいえない。

こうした中で、実践的なフィールドからも遠ざかりつつあった私であったが、いささかの研究歴を買われて、概説書的な一般書に、日本の旧石器時代の記述をする仕事にたずさわることがあった。自己検証の一つの資料として、そのときどきに日本の前・中期旧石器時代の研究について何を書いたか点検してみたい。やや長い旧文の再録・引用が続くがお許しいただきたい。

資料1　古東京湾と人類の登場

関東平野がいまと近い形に作りあげられ、それがはじめて完全に陸地になったのは、実はそれほど古いことではない。いまから約一〇万年ほど前の上部洪積世の後半の時代だといわれ、関東平野の地史では武蔵野時代がその時代にあたる。

それ以前の時代は、いまの房総や九十九里海岸の方から入りこんだ大きな海が、周辺の山麓地帯をのぞいた関東平野のほとんど全域をおおいつくしている。これが古東京湾とよばれる海であった。この海は第三氷期と第四氷期の間の温暖な時代（第三間氷期、約八〜一五万年前）に相当する下末吉《しもすえよし》時代（南関東に下末吉ロームが堆積した時代）に、最も広いひろがりをもった。この当時、関東北部では那須火山や日光の火山群がはげしい活動期にはいっていて、古東京湾からわずかにとりのこされた関東平野の山麓地帯に、さかんに火山灰をまきちらしていた。北関東を中心に厚く堆積した宝積寺《ほうしやくじ》ローム（下末吉ローム）は、その火山灰によってできた地層である。

ところが、このようなきびしい条件下の関東平野に、この時代からはじめて人類が登場したのではないだろうかという、非常に重要な問題を秘めた発掘が、ここ数年の間に栃木県下を中心としてくりひろげられている。

昭和四十年から三年間にわたって、大規模な発掘調査の行なわれた、栃木県栃木市星野《ほしの》遺跡は、下末吉時代の古東京湾の岸がほど近い場所にある。ここでは三年間で深さ九メートルにも及ぶ大発掘坑が掘られ、宝積寺ロームを主とする二十九層の層位が区別された。そして最も深い第二十九層をふくむ九つの石器を包含する層（文化層）があったと報告されている（芹沢長介編『星野遺跡』昭四一、昭四三）。

なによりも注目しなければならないのは、星野第三文化層以下の文化層が、いずれも下末吉時代の地層に属するものであること、さらにそこから発見される石器が、主として硅岩《けいがん》（足尾山塊中に多産する岩石）を材料とした粗雑な敲打器《こうだき》（チョパー、チョピングトゥール、プロトハンドアクスなど）や尖頭《せんとう》石器、ルバロア型石核と剝片《はくへん》などであって、それらがある時期陸つづきであった中国大陸など、東アジアの前期旧石器文化（北京原人などが作り出した文化）の系統をひくものだと説明されていることである。
関東平野における最古の人類の登場を探ろうとする星野遺跡の発見は、残念ながらその正否を断定できる時期には至っていない。しかしたとえ下木吉時代とそれ以前の関東平野が、まだ陸地もせまく、不気味な火山の鳴動が続くような、なにか不安定な土地であったと想像できたとしても、大陸から陸づたいに渡ってきたたくさんの象やそのほかの動物にまじって、早くも人類が関東平野のどこかに登場したということを、まったく否定することはできない。星野遺跡で始められた考古学者の苦しい作業が、最古の人類の発見にむけての第一歩であることはまちがいないであろう。

（『古代の日本7　関東』角川書店、一九七〇年）

この文章では、調査者たちがはじめ九州地方でその存在に注目した「硅岩製石器」を追って、ついに北関東でそれと遭遇し、しかも関東平野の地史との関係に着目したことに強い関心をもった。ただし当時（現在もそうだが）私には「硅岩製石器」について、その技術論上の、また形態・型式学上の理解にいたらず、その発見の意義を全面的に支持することはできなかったが、より古い日本人類文化の追究にかける研究者たちの努力には、敬意と期待を抱いたことは事実である。座散乱木「発見」の十年前のことである。

資料2　原始世界の拡張

岩宿遺跡発掘の指導者であり、またその後の先土器時代文化研究の積極的な推進者でもあった杉原荘介は、この時代の文化に関する最初の概説的論文ともいえる「縄文時代以前の石器文化」（『日本考古学講座3』河出書房）の中で、先土器時代文化発見の意義を、日本歴史における「原始世界の拡張」という言葉をもって表現した。

その意味は、「日本においては、農耕社会が発生する以前の時代として縄文時代が存在する」、そしてその「縄文時代がそこまで到達するには、原始時代の文化としてのいくつかの階梯を経てきているはずである」。ところが、明治時代以来多くの学者の努力にもかかわらず、日本では縄文時代以前の文化が存在したという確証が得られず、「より原始的な生活の段階については他の地域で実証された例をもって補足説明されねばならなかった」。しかし岩宿の発見によって「人間歴史の初階梯を知ることが、日本でもはじめてできるようになった」という点である。

したがって、先土器時代文化の確認以前の日本列島における人類文化の起源論、すなわち当時の研究段階での縄文文化起源論は、その始源の年代を欧亜大陸における新石器文化発生以降に想定し、ある時には北方、またある場合には南方へと、母地を求める系統論に終始しがちであった。そこには縄文文化発生の姿を歴史の動態としてとらえる観点が欠如し、ひいては縄文時代あるいはそれ以後の日本の原始・古代史の考古学的研究を、個々の遺物や事象をばらばらにして、その関連性をとらえようとしない、いわゆる個別実証主義的研究にひきこんでゆく要因の一つにもなっていたとみなければならない。

しかしいまや、私たちの視野の中には、日本最古の歴史として先土器時代がある。それは確実なところ約三万年前にまでさかのぼる古さをもち、それ以前のより古い一〇万年単位の文化の存在の可能性についても、すでに学界の研究の対象となっている（日本第四紀学会編「特集日本旧石器時代」『第四紀研究』一〇―四、一九七一年等）。もしその古さの人類の存在が列島内で確実になった場合でも、「猿が木から降りて人間になった」二〇〇万年前とも三〇〇万年前とも推定されている地球上の人類史からいえば、ごくわずかな短い時間にすぎないという印象を与えるかもしれない。しかしたとえ三万年前であろうと、三〇〇万年前であろうと、それが人類史の歴史区分において旧石器時代として一括されるように、われわれは人類史の、あるいは人類文化の最古の歴史的段階を、日本歴史の中に具体的な資料として持ったことにはかわりがない。

その意義は、ただ単に日本歴史の初源の年代が格段に古くなったということだけではなく、日本列島に展開した人間の歴史を、人類史の段階的な発展の一貫した姿としてとらえることのできる契機をつかんだという点で評価されなければならない。岩宿発見後三〇年を経たいま、ともすれば目的の定かでない分析技術論的研究に陥りがちな、現在の先土器時代の研究において、「原始世界の拡張」という考え方は、改めて見なおすべき方法論の基本である。

（『日本考古学を学ぶ3』有斐閣、一九七九年）

一九六〇年代後半から七〇年代は、日本経済の高度成長期のピークともいわれ、全国各地で開発に伴う大規模発掘時代を迎えていた。先土器時代の研究の上でも、それ以前の手掘りの発掘ではとうてい不可能であったような、より広く、より深い発掘が可能となった。私自身、一九六八年に手がけた神奈川県月見野《つきみの》遺跡の発掘はその典型であり、その先がけであったかもしれない。

かくしてその後全国的に資料は莫大な量が急速に集積され、もはや個人ではそのすべての情報を手に入れることは困難で、地域で育った研究者や組織に、その地域の研究・調査は任せざるをえないという学界状況になっていた。さまざまな要因で発掘調査の公開性が阻害されることもあった。考古学を専攻する学生の運動の中で、「開発優先のすべての発掘を中止せよ」というスローガンが掲げられたのも、そんな状況の中であったと思う。

この頃、同じ考古学研究者の仲間の間でも、いまの先土器の論文や報告書はむずかしくてわからない、もう石器はあきらめたといった嘆きを何回となく私は訴えられた。日本考古学も、とくに私が研究者の一人として責任をもつべき先土器時代の研究も、いまや危機だと感じていた頃、この論文は書かれた。

いま思えばこの頃から、東北地方では、石器文化談話会などの活動が本格化し、間もなく座散乱木の「発見」に結びつくのである。ただし念のため、その活動は当時の学界状況の中で、行政発掘とは直接かかわりのない、純粋で自主的な市民の研究活動、むしろ在野考古学の精神で始まったものであると信ずるだけに、捏造という「学問の罪」の中に埋没してしまったことは残念なことといわざるをえない。

なおこの論文の第三章の「洪積世と日本列島」の項に、前・中期旧石器時代に関する当時の認識が、次のような短い文章で書かれている。

「そしておそらく、そうした洪積世動物群の後を追っていく度か、人類もまた日本にやって来たのであろう。しかし日本列島に最初の歴史をひらいた人類が、いつの時代に、どこの陸橋を渡ってやってきたのか、さらに彼らがどんな文化を残したのか、それはまだ未知の謎である」

資料3　日本における「前期旧石器」探究の現状

岩宿発見以来、全国各地で盛んに検出のすすんだ先土器時代遺跡は、そのすべてが年代的に二万数千年前以降のものであった。代表的な石器としてはナイフ形石器や槍先形尖頭器・細石器などをもち、ヨーロッパの旧石器時代の編年に従えば、ホモ＝サピエンス（新人段階の人類）が出現した以後の上部（後期）旧石器時代、あるいはそれに続く中石器時代に対比される。

日本列島は更新世になってから数回にわたって、氷河性海面変動の影響でアジア大陸と陸続きになったことがあり、そのつど、象をはじめとする大陸系の大形の哺乳類動物が渡来している。日本列島にきわめて近い中国大陸には、たとえば更新世中期の北京原人（約三〇万年前）や、さらにさかのぼる年代の人類の遺跡が発見されているのであって、陸橋でつながっていた日本列島に、それらの古い人類の一部が渡来したという可能性は否定できない。

今から約三万年前をさらにさかのぼるより古い石器文化を求めて、早くも昭和二十八年（一九五三）には明治大学考古学研究室が、青森県金木《かなぎ》砂礫層の発掘を行っている。しかしこの調査は礫層中から発見される「石器らしい」資料が、すべて河流での転石などの際の自然破砕礫にすぎないことを証明する結果になり、失敗に帰した。

その後しばらく研究は途絶えていたが、一九六〇年代にはいってから急に各地で、いわゆる「前期旧石器」が話題になり始めた。大分県丹生《にう》、新潟県佐渡長木《ながき》、そして西日本各地の一〇〇カ所を越す多数の地点で、「前期旧石器」の発見が報じられたのである。しかしこれらは石器としての認定の困難さや、出土層位・所属年代の不明確さなどの理由でいずれも学界の認めるところとはならなかった。より古い石器の発見はきわめてむずかしいという印象が学界を支配した。

そうした中で、この問題に精力的に取り組み始めたのが芹沢長介である。昭和三十九年の大分県早水台《そうずだい》遺跡を手はじめに、翌年から五十三年にかけては五次にわたって、栃木県星野遺跡の発掘を続け、その間四十五年には、日本における先土器文化の最初の発見地である群馬県岩宿遺跡の最下層（岩宿ゼロ文化層と名づけられた）を発掘した。

芹沢は、これらの遺跡から出土した石器が、それまで知られていた多くの先土器時代遺跡のものとは異なって、石英岩や硅岩を原材とし、形態もチョッパーやチョッピングトゥールなどの礫器が多いことなどの理由をあげ、さらに出土層位が明らかにより下層であることなどから、中国の周口店《しゅうこうてん》文化（北京原人の残した石器文化）と対比される可能性があることを指摘した。そしてそうした三万年前よりさらに古い石器文化を、「前期旧石器文化」とすることを提唱した。

しかしこうした資料についても、それが人工的に加工された石器であるかどうかは疑わしいという意見や、石器の出土した地点と地層が、人類の生活立地としては不適当で、かつ堆積の状態も不安定であるなどといった意見があって問題が残されていたのである。

芹沢の指導を受けた石器文化談話会のメンバーが、宮城県座散乱木《ざざらぎ》遺跡の発掘を始めたのは昭和五十一年であった。そして五十六年に行った第三次調査では、地質学的にきわめて安定した堆積状態を示す、厚さ二メートルほどの火山灰層を主とした地層中から、縄文時代早期以前の石器を出土する八つの文化層の存在を確認し、そのうち下層に近い三つの文化層は地質学的な検討から少なくとも三万年前より古いものであることが明らかとなった。石器は、当時の生活面とみられる平面上に原位置のまま集中して出土し、加工の跡も明瞭である。従来の資料に加えられた批判的な見解の多くを否定できる好条件を備えて発見されたのである。

座散乱木遺跡と同様の石器は、座散乱木遺跡周辺の岩出山町や仙台市周辺で数多く出土している。厚い関東ローム層におおわれて、実に多くの先土器時代遺跡が発見されている関東地方でも、立川ローム層の最下層からの石器の出土例が増加している。やがてその下部からさらに古い石器が発見される可能性は高まっている。確実な資料にもとづく最古の日本列島住民探究の道は、今後にまだ困難が予想されるが、着実に一歩前進したというべきであろう。

(『日本歴史大系1　原始・古代』山川出版社、一九八四年)

この小文は、第一章原始時代の第一節「日本列島の形成と人類の登場」の中の一部であるが、表題のような内容で「前期旧石器」の研究を直接論評した、最初の私の文章である。ただし本書では本文中の記述ではなく、「補説」として扱った。また発行年は一九八四年となっているが、実際の執筆は八二年、つまり座散乱木第三次調査の翌年であった。

出版社の企画趣旨は、学校現場の先生方に、新しい成果をとり入れて、補助教材として使えるように編集したいということで、たくさんの参考図表や補註・脚註を加えた。手前味噌であるが、出版後、名も知らない各地の数人の先生から、とても使いやすく、わかりやすい記述だというお手紙を頂戴した。

この文章では、「前期旧石器」研究史を概観し、その問題点のいくつかを指摘し、執筆の直前に現地でその「発見」を確認した座散乱木について紹介し、今後にまだ困難が予想される、すなわち確実な資料にもとづく地道な研究の蓄積が必要だと前置きしながらも、「着実に一歩前進した」という評価を行っている。

このことは、おそらく当時の考古学研究者の平均的な認識であり、学界の理解の趨勢《すう》であったと思う。

資料4　最古の列島住民

日本列島にいつ、どのような人類が最初に住みついたかは、まだ解決されていない重大な研究課題である。最近、宮城県座散乱木《ざざらぎ》遺跡の発掘の成果が注目を浴びた(『宮城県座散乱木遺跡発掘調査報告書』)。この遺跡では厚さ数メートルの火山灰層を主とした堆積層の中から、最古の土器をもつ石器文化を最上層として、以下数層にわたる旧石器時代の文化層が発見された。そのうち下部の三つの文化層の石器はやや大形で粗雑な作りものが多く、器種やその組成も、上層に発見されるより新しい時期のものとは異なった様相をもっていることがわかった。

座散乱木遺跡の調査者たちは地層の観察や理化学的な年代測定値を参考として、それら下層の石器群が三万年前をさらにさかのぼる、現状では日本列島最古のものであり、旧石器文化の中でも段階を異にする、中部ないし下部旧石器文化的な様相を示すものと評価を与えている。

このような評価については、石器を包含する地層の性状（激しい噴火活動に伴う火砕流《かさいりゅう》であるという点）や、その形成年代と文化の階梯の捉え方（「前期旧石器時代」の時代概念など）に慎重論もあるが、考古学者の多くは従来知られなかった古さの石器文化として、この発見に注目している。要するに岩宿発見以後三〇年にして、より古い旧石器文化を追求する手がかりがつかめたという研究の段階である。

一方、こうしたより古い石器の発見とは別に、以前から化石人骨の探究が続けられてきた（鈴木尚『日本人の骨』・『化石サルから日本人まで』）。昭和初年に発見され、その評価をめぐってさまざまな話題をもつ有名な「明石原人」は、それが確かな資料であれば、中部更新世にまでさかのぼる原人段階の古さの化石人骨といわれ、中国の「北京原人」に対比されるものであった。しかし最近その古さについて再び疑いがもたれるにいたっている。

原人に次ぐ旧人級の化石人骨としては、愛知県牛川町の石灰岩採掘所で発見された「牛川《うしかわ》人」がある。左上腕骨と右大腿骨から復原されたその特徴は、身長がきわめて低く、かつ原始性をよく残しているといわれ、その年代は中部更新世の上部（約十万年前）に属するものだと推定されている。

さらに新人段階の化石人骨としては「三ケ日《みっかび》人」（静岡県三ヶ日町出土）が、大腿骨などとともに頭骨の一部が残存し、ホモ・サピエンスの特徴を示す好資料として知られている。その他、新人段階の化石人骨とみられる資料には「港川《みなとがわ》人」（沖縄県具志頭村出土）、「聖嶽《ひじりだけ》人」（大分県本匠村出土）などいくつかの類例が発見されているが、いずれにしてもまだ資料が断片的で、日本列島における旧石器時代人類の全体像をつかむにはいたっていない。また彼らがどのようにして日本列島に住みついたのかなどといった由来も明らかではない。

更新世の日本列島は、前述したとおり、自然環境の変化に伴って何度かその表情を変えた。とりわけ氷河の発達に対応した海水面の低下は、それぞれの氷期の最盛時には一〇〇〜二〇〇メートルに及び、水深一四〇メートルの対馬・朝鮮海峡、それに津軽海峡（一四〇メートル）、宗谷海峡（四〇メートル）、間宮海峡（一〇メートル）などはしばしば海面上に露出して、大陸と列島を結ぶ陸橋となった。

そうした陸橋の形成された年代は、やや確実なところで、最新のものが二〜三万年前、その前が五〜六万年前、さらに十数万年前と推定され、それ以前にも何回かの陸橋の形成時が当然あったと考えられている。その陸橋を通って、ステゴドン象・ナウマン象・マンモス象など二十数種類にもおよぶ旧象をはじめ、トラ・サイ・オオツノジカなど、日本列島では自生しなかった大形の動物が大陸から渡来した。そのような古生物学的な絶滅動物の化石資料は、じつに豊富に日本列島の各地から発見されている。

おそらく日本列島最古の住民も、それらの大形獣とともに、あるいはそれらを追って、いつの時代かの陸橋を渡ってやってきたものに違いない。それがいつの時代なのか、そしてその時代時代の異なった段階の人類が波状的に渡来してきたものなのか、あるいは一度渡来した人類が、永い間にしだいに日本列島住民（日本人の原型）として進歩し、化成していったものなのかなどといった問題は、すべて今後の発見と慎重な研究の結果にかかっている。

（『講座日本歴史1』東京大学出版会、一九八四年）

全十三巻からなる日本通史の第一巻第一章に、「日本の旧石器時代」と題して書いた概説の一節である。前出の『日本歴史大系』では、前・中期旧石器時代のことは補説として書いたが、それに引き続いて書いたこの論文では、今度は本文中の記述に「歴史叙述」として加えた。三年前の「発見」の成果をふまえて、書き出しは座散乱木で始まる。この発掘がいかに大きなインパクトを、私をふくめて学界に与えたかがわかる。ただし調査後に研究者間で話題になった疑問や慎重論にもふれ、「前期旧石器」の問題はすべて今後の発見と慎重な研究の結果にかかっていると結んだ。

いずれにしてもこの文章は、戦後の日本の歴史学の主要な流れをつくってきた、二つの伝統ある学会が共同編纂した講座本に、最古の列島人類史について私が書いた最初で最後の「歴史叙述」の一節である。思い出せば編集担当の原秀三郎氏から、第一章の表題はぜひ「旧石器時代」でいきたいと再三要請され、できたら「先土器時代」でという私との間で調整が行われて、

「日本の旧石器時代」と、日本のを加えることで妥協したなどといった経過があって、最初から緊張してペンをとった記憶がある。

しかしいま改めて本文を読み返してみると、「前期旧石器」研究への慎重な発言もふくめて、今後の研究の課題を書いた最後の十行ほどの文章の中身は、一九六七年に杉原荘介氏が指摘した点とくらべて、それ以上のものでなかったと改めて認識せざるをえない。


その後、前・中期旧石器の発掘捏造が発覚する二年前の一九九八年、創立五十周年を迎えた日本考古学協会は、戦後五十年の協会の活動と、考古学史を総括するための『日本考古学の50年』という大部な記念出版物を編んだ。

その中で私は「列島初源の人類文化を追う」と題して、岩宿遺跡発見以来の「岩宿時代＝先土器時代・後期旧石器」研究の流れを整理し、「いまや岩宿時代の研究はただ単なる石器の研究ではなく、広範囲にわたる岩宿時代の歴史と社会全般を見据えた研究の段階にいたっている」と五十年の研究成果を高く評価した。

その上で、「日本最古の人類遺跡は、現在宮城県上高森遺跡など五十万年前まで遡ることが明らかになりつつある」と書き加え、そのことによっていままで以上に、人類史的・世界史的視野が具体的に広がるきっかけをつかんだと述べ、今後はそれをふまえて、日本の「旧石器時代」を本当に日本歴史の一ページとし歴史叙述することに努力を傾けるべきだと、五十年の学史の総括を結んだ。

……その二年後、あの悪夢のような捏造が、二十年以上も前から行われていたことを知るとは。自らの不明と、それ以上に自分の歩んできた研究の道に、いきどおりに近い挫折感を覚えた。

II　けわしい検証調査の道

火中の栗を拾う

捏造の実態・真相究明が先決

捏造事件が発覚した日の前後のことは序章の中に書いた。そして私がこの事件について、最初に語った新聞の記事も、再録して紹介した。

いまその時の心境と認識をふり返ってみると、この事件は学問としての考古学の本質にかかわることであり、学界の体質が生み出した事件、すなわち「学問が犯した罪」だということが第一であった。六十年前に書かれた藤森栄一氏の遺稿の文章を引用して訴えたかったのはそのことであった。

しかし事態は学問の本質だとか、学界の体質だとか、傍観者として評論をしているいとまはその時はなかった。捏造発覚のショックは余りにも大きく、一日も早く真相を明らかにして、学界としての説明責任を果たせという、研究者と学界に対する社会・マスコミからの批判は、極限状態といっても差し支えないほど激しかった。

そのためにはまず捏造の実態、真相を徹底的に究明すること、それも日本の考古学研究者全体が真摯な反省に立って、互いに謙虚な信頼関係のもとで、学界が主体的に検証に取り組まなければ、社会の信頼の回復も、将来につながる研究の再構築も不可能だと信じた。そしてそのことのためなら、必要とあらば、五十年余の研究者生活の最後の務めとして、その責任の一端を担うこともやぶさかではないと、秘かに決意したのは捏造発覚の日の深夜のことであった。

学界の役に立つなら

幸いなことに、日本考古学協会は事件発覚後直ちに、この問題の解決のために全学会あげて取り組むという意思を声明し、「前・中期旧石器問題調査研究特別委員会」の設置を決定した。数日後、大学の私の研究室を訪れた甘粕健会長は右の決定の趣旨を説明された上、私に委員長を引き受けてくれるよう依頼があった。

私は二つの前提条件を示して内諾の返事をした。その条件とは、委員の人選は過去の人脈やしがらみにとらわれず、若い研究者を中心にした公正なものであること、その委員が全員で私が適任と認めたら就任するといった点だった。そのことは当たり前のようなことだが、今回の事件には派閥的・学派的な対立があるといった周囲の関心が当初からあり、私も何人かの記者から取材された。「皆無といったら嘘になるが、いま事件の解決を前にしてそんな次元の問題ではない。学界一致の検証作業を通じて、互いの信頼感を取り戻し、その旧いしがらみの解消をはかるのも私の役割の一つだ」というのが、取材の都度、私がいったコメントだった。

十二月の終わりに近い頃、特別委員会（準備会）が最初の会合をもち、委員長の選任がはかれた時、私は承諾する前に、この特別委員会の性格や基本姿勢、そして一つの「学派」の指導的立場にいた私が適任かどうかについて、率直に意見交換をするよう、全委員にお願いして、一時席をはずした。

かくして私は委員長を引き受けることになるのだが、それ以前、捏造発覚以来さまざまな人びとと意見や情報交換の席をもった。親しい人とは酒をくみ交わしながらの、しかし真剣で飾らない議論の席が多かった。そんな時、はからずも何人かの人の口から、「火中の栗を拾う」という言葉が出た。日常よく使う慣用句だが、意識的にその意味を考えたことがなかった。

『広辞苑』で引いてみた。「(ラ・フォンテーヌの寓話から) 他人の利益のために危険をおかして、ばかなめにあうこと」と解釈してある。

何人かの友人がいうのは「なんでいまさらあなたが、あえて火中の栗を拾うのだ」という、忠告めいた意見なのだ。ある人は「この問題はあなたのいつもいう性善説では進められない」「泥をかぶることになるからやめなさい」ともつけ加えた。

こういった意見はいずれも、私が特別委員長就任を内諾したということを漏れ聞いた上の発言なのだが、おそらく老境といってよい年齢になって、時おり血圧が高いのなんのといいつつ、「老害」の気配をみせる私への、心配やいたわりの気持ちであったのだろうと思う。

しかしその頃は、友人たちの心配に感謝して、そうした親切な忠告を受け入れる心の余裕はなかったのだろう。それどころか酒を飲んだ勢いもあったのか、ムキになって友人たちの忠告に反発した。

みんなの、そして学界全体のすこしでも役に立つなら、あえて火中の栗を拾うことも辞さない。危ない橋を渡って落ちたとしてももともとで、それは現役をすでに引退したと自認する自分の役割にふさわしいと割り切り、将来の考古学を担う若い世代の研究者を、ばかなめにあわせてはいけないのだ、と喰ってかかった。

そんな力んだ発言をした後、家に帰って酔いがさめかかった時などは、なんとなく寂漠とした気持ちになって、寝つかれなくなった夜もあったが……。

全研究者の一致協力こそ

検証調査一年半後の総括報告

特別委員会は二〇〇〇年十二月二十日、まず準備委員会として発足し、翌年五月には日本考古学協会総会の議決を経て、正式な特別委員会として本格的な活動を開始した。

それから約一年半、短いようでも私にとってはとても長かった。激しい活動の記録は、二〇〇二年五月に日本考古学協会から発刊された「二〇〇一年度前・中期旧石器問題調査研究特別委員会活動報告（予稿集）」に詳細が記録されている。またより内容を整理し、多数の資料を加えた検証調査の正報告書が、近く刊行されるべく特別委員会で編集作業が進められている。さらに〇一年度後半以降を主とした検証活動の動きを追った、毎日新聞旧石器遺跡取材班編『旧石器発掘捏造のすべて』（毎日新聞社、二〇〇二年）には、特別委員会委員長としての私が随所に登場する。

それらを読みなおすと、実に波瀾万丈で、われながらよく辛抱して乗り切ったものだと述懐する。それらの内容に盛られた活動・経過に関しては、それぞれの刊行物に譲り、本書では省略する。

ただ二〇〇二年五月二十六日の協会総会の折に承認された総括報告の冒頭に、次のような言葉を加えることのできたことだけは、私の気持ちとしてここに紹介しておきたい。

「……未曾有の事件で、われわれの活動も試行錯誤の繰り返し、幾多の紆余曲折がありましたが、今日、この総括報告の中で、全学界の研究者、関係諸機関が互いの信頼関係のもとで、一致して取り組む態勢をもつことができた、ということを確認できるのは、委員長としては最も大きな喜びとするところであります。みなさん本当にご協力ありがとうございました」と。

これは火中の栗を拾うような心境で委員長を引き受け、薄氷を踏むような気持ちで、危ない橋を渡って行動し、五十名に近い特別委員の積極的な協力を得た検証調査の結果、捏造事件のほぼ全体像を、おおかたの予想を越える短期間に明らかにすることができたことへの、私の偽りのない感謝の気持ちと、同時に一定の責を果たしえたという安堵感の表現だった。

渡らなければならなかった橋

この総括報告をした後しばらくたってから、私は特別委員長の職を辞任することになるのだが、捏造問題は「事件」としての事実の究明は一応の決着をみたとはいえ、もっと重要な「学問が犯した罪」の部分の解明は、なお今後に残された。後節でそのことに若干触れざるをえないが、その前に特別委員長として機関の事前の承認を受けずに行動したことを、二、三書きとどめておかなくてはならない。

委員長になってまず必要な行動と考えたことが二つある。それはともにマスコミ等の執拗な取材攻勢が続く中で、まさに危ない橋を渡ることだと思った。一つは藤村新一氏と長い間、前・中期旧石器の研究に、共同研究者であった人びとを、事実の究明のための検証調査に全面的に協力させること。そしていま一つは、捏造告白の当事者である藤村氏に直接会うことであった。

この二つの行動計画、とくに後者は非常に危険な不測の事態も予測されるので、特別委員会の中でも、ずっと後になるまで誰にも告げなかった。ただそれとなく「事件はあらゆる場面で微妙で複雑な問題があるので、委員長の独断専行も許してほしい。ただし事後報告はきちんとし、最後の責任をとる」と、アリバイづくりのような発言をしたことはあったと思う。

藤村新一氏とその共同研究者の協力を得る

二〇〇一年が明けた一月の末の大雪の日、私は宮城の鎌田俊昭氏と埼玉の栗島義明氏の二人を、ひそかに新宿の酒の店へ呼んだ。二人とも個人的な関係としては、大学での私の「教え子」である。そしてたまたま藤村氏と発掘を一緒に行った共同研究者という立場にあった。

その夜、鎌田氏は事件の後始末と、あいかわらず続いていた連日のマスコミ攻勢で憔悴し切った姿であらわれ、心配した私が元気づけねばならなかった。すこし気をもち直すと、涙を流すようにして愚痴や後悔の言葉を吐き、「藤村に会って事実を全部吐かせたい」などといった。

栗島氏は秩父の資料について、一定の自信をもち、疑惑を払拭するために、当時の記録や写真、実資料にもとづいて、自主的な再検証を始めているといって、いろいろなその結果を一生懸命に話した。

二人の話をある程度聞いた後、意地悪く私は「それぞれが直接捏造に関与したことはないだろうね」と聞くと、二人はまわりの客が思わず顔を向けるほど大きな声で「絶対ない。信じてください！」と叫んだ。私は「それを信ずる。周囲からの疑惑を打ち消し、事実を明らかにするため、私の検証調査に誠心誠意協力してほしい」と頼み、二人はそれを誓った。

それから以後、二人はひんぱんに電話等で私と連絡をとり、資料や情報を交換するようになった。それは私の事実認識や行動を起こすのに、大いに役立った。前記したように二人は私の教え子である。互いにその人間関係からくる親近感や甘えはある。しかし検証調査という厳正な仕事の前では、当然そうした甘えや師弟関係のしがらみは排されなければならない。とくに鎌田氏は他の多くの他大学出身者の中で藤村氏の関係者の仲間の一人である。彼はそのためにもみんなの気持ちを一つにするのに、人一倍気遣いと苦労を重ねることになった。

その苦労の一つが藤村新一氏との接触であった。年が明けて三月、二、三回の仙台通いを続けていたある時、私は危ない橋の第二の計画を実行に移すことにした。

捏造発覚後、病院に入っていた藤村氏と、家族を通じて細い連絡のパイプがあるという鎌田氏に、思い切って、藤村氏と会うことは可能だろうかどうかと切り出した。彼はもうしばらくの間、藤村氏と会ったこともなく、直接電話で言葉を交わしたこともないとのことで、「ウーン……」とうなったまましばらく考えていた。そして「戸沢さんとなら会うというかもしれない。しかし主治医や弁護士の意見を聞かなければ……」という答えだった。

それから一カ月以上たった。私はなかばあきらめかけていた。四月の中旬すぎになって、主治医・弁護士らと連絡と調整を重ねた結果、近く会うことが可能であるとの連絡が入った。鎌田夫人がたいへん骨折ってくれたらしい。その後、数度にわたる日程調整や、面談の条件の確認が行われ、五月二十三日に私が病院を訪れて会うことが決まったのである。このことは節を改めて書く。

「一年間を目途に」真相の究明を

その間、検証調査は特別委員会だけではなく、地域学会や研究団体、関係する各地の自治体などによって進捗し、捏造は最初に告白のあった二遺跡（上高森・総進不動坂）に限らず、さらに疑惑が拡大する様相を示していた。五月には早くも福島県の一斗内松葉山《いっとうちまつばやま》で捏造の可能性の強い石器が出土し、やや後になるが七月に行われた山形県袖原《そではら》3では、確実に後世埋込みの痕跡が確認できる石器三点が発見され、一九九三年に遡って捏造が行われていたことが明らかとなった。この発覚によって、それまで捏造が最近の二カ年、「遺跡」もごく限られたものと信じようとしていた多くの研究者の間にも、大きな失望と動揺が起こった。

そうした経過の中で、五月十九日に開催された日本考古学協会の席上、特別委員長としての私は「藤村氏関与の疑惑の遺跡・石器等については、これから行われる検証の経過や結果を慎重に検討しながら、その全体としての学問的・歴史的評価、あるいはその扱い方について、向後約一年間を目途に、学界としての一定の評価を得るようにする」という活動方針を示した。

この方針はその後「一年後の決着を公約」とマスコミ関係者は受け止めたようだが、その時点で、私自身も特別委員会も十分な自信をもったものではなかった。それどころか、数年かけても不可能だという悲観論の方がむしろ多かった。ただそれは一日も早く真相を明らかにし、たとえ結果が不十分であったとしても、そのための最大限の努力をすることによって、社会の不信と混乱をすこしでも取り除き、日本考古学再生の道を展望したいという願望と、決意の表明に他ならなかったのである。

しかし、藤村新一氏と直接会うという、危ない橋を渡りはじめたことで、事態は急速な展開をとげることになる。

薄氷を踏む思いの面談

藤村新一氏との一回目の面談

その日は昼すぎまで、夕立のような激しい雨が降って、あがった後は一面に濃い霧におおわれていた。車は文字どおり五里霧中、走る先の道がやっと見通せるほどで、はじめてたどる道の方向が北か南か、まわりに山や町があるのかないのか全くわからない状態だった。これから藤村新一氏に会いに行く私は、彼の様子はどうだろうか、どんな話ができるのか、行先が病院ということもあって、不安と緊張で〝夢幻の世界〟をさまよっているような気分だった。

病院に着くと主治医が待っていてくれて、すぐ応接室に案内された。簡単な自己紹介とあいさつをかわした後、弁護士も立会いで藤村氏の病状などを三十分近く説明してくれた。医学用語など全くわからない私には十分に理解することはできないが、主治医のいうことには、専門医である自分にしてもたいへんむずかしい、複雑な精神障害をもつかなり重い病気だとのことであった。日常は普通人と一見かわらない健康体に見えるが、ショックやとくに精神的プレッシャーに敏感で、そうなると朦朧あるいは錯乱に近い状態に陥る。話し合いの途中でその兆候が見えたら、ドクター・ストップをかけることもあるが悪しからず、しかしその時までは自由に話してください、と親切な指導をしてくれた。

説明を聞いてしばらくすぎてから、主治医に導かれて藤村氏が入ってきた。こざっぱりした普段着姿だった。部屋に入って、瞬間じっと私の顔を見つめているようだった。そして私を戸沢と思い出したのだろう。テーブルの向こうに立つと、小さな声で「こんなところまで来ていただいてすみません」といった。私は「やあほんとうに久しぶりだね。元気そうじゃないの」といって手を伸ばした。彼は左手を出したような記憶がある。「ゴッド・ハンド」などと一時もてはやされた右手を、さし出すのを遠慮したのかなと、ふと私は思った。私は両手で彼の手を包むようにして握手した。

話は彼が十数年前O氏とともに信州に来た時、私が案内したことのある昔話から始まった。彼はよく覚えているようで、「その時、先生がごちそうしてくれたソバの味は、とてもおいしくていまも忘れていません」「座散乱木に突然訪ねられたこともよく覚えています」など、三十分をややこえる第一回の面談は、昔の思い出話や身体の具合のこと、病院での日常生活のことなど、いうなれば普通よくある病気見舞の対話といった、とりとめのない話が多かった。藤村氏は次第に多弁になって、ある時は嬉しそうに昔をなつかしんでいるように見えた。立ち会ってくれていた主治医は、昔の記憶はかなり確かなような気がしますと私に助言した。

そろそろ帰りの時間が近づいたので、私ははじめて捏造問題にふれ、「事実を知るためには是非あなたの協力がほしい」と頼んだ。すると彼は「日本考古学協会特別委員会会長殿」と宛名書きした一通の封書を私に渡した。自分の引き起こした重大な過失について、考古学協会や文化財行政機関などへの詫びが書かれ、最近二カ年（一九九九、二〇〇〇年）の発見と調査については再調査が必要ということをにおわし、それ以前に関しては捏造の記憶はないといった意味のことが、十行ほどの手書きで書かれていた。

何かいいたいことがあったら、予めメモでも用意しておくようにという、彼の病状を気遣う主治医の指示で、私と会う前に書いたものということだった。その後の会談でも、いつも藤村氏はメモを用意していた。

ともかくその日、彼の文書を私は一応預かることにして、もっと詳しいことを聞きたいがまた近く会ってくれるかとたずねると、「戸沢先生に協力したい」と答えてくれた。

細かい今後の打ち合わせは、主治医と弁護士の意見も聞いて後日にすることを約束して席を立った。玄関まで藤村氏が送ってくれて、そこでまた握手を求められて応じた。

帰途の長い車中、霧は晴れて、車窓には水田の間に立つ家々の灯が輝いていたが、私はぐったり疲れて、なお夢幻の中にいた。五月二十三日のことである。

座散乱木捏造の衝撃的告白

その後、私は九月二十六日までの間に、藤村氏と計五回の面談を行うことになる。それらの面談の具体的でやや詳細な経過と内容は、二〇〇一年十月七日、盛岡で開催された日本考古学協会の特別報告で、中間発表として公表した（「旧石器問題の検証はどこまで進んだか」二〇〇一年度前・中期旧石器問題調査研究特別委員会活動報告・予稿集）。また当時、新聞等で大きく報道されているので、いまここでその全容を繰り返し紹介することは避けるが、藤村氏が告白した旧石器発掘捏造は、実に衝撃的で深刻なものであったことは、すでにおおかたの周知するところである。

右の報告でも述べたが、第四回目の時（九月十三日）、面談を終えて別れようとすると、彼が「今日、先生に是非お話ししておきたいことがあります」といって私をひきとめ、いつものとおり予め用意しておいたメモを読みあげるように、座散乱木の捏造の告白を突然始めた時の衝撃はいまでも忘れられない。

思いつめたようにメモを読む藤村氏の顔を見ることもできず、耳もふさぎたいと思った。早く切りあげてこの部屋を飛び出したいとも思った。実は座散乱木の告白のあと、彼の話は袖原3やひょうたん穴など三、四件の説明が続いたが、私にはもう全く耳に入らず、後で面談メモを見るまで、座散乱木以外のことが話されたということは記憶からも消えていた。完全に冷静さを失っていたといってもよい。

その日の私のメモ日誌に、「深夜までT、K氏と飲む。誰も黙して語らず」とある。

苦悶と混乱の第三回面談

実はこの第四回目の面談の行われた二カ月前の第三回面談の時（七月二十五日）、藤村氏の心境に大きな変化があった。この時の面談では、その直前に検証調査が終わった袖原3で、一九九三年の調査区から明らかに捏造（後の埋込み）とわかる石器が発見され、三十キロ離れた宮城県中島山の石器との接合資料も疑惑が濃いと断定された。また当時進行中だった秩父での検証調査もきわめて濃厚な捏造疑惑が、テレビや新聞で報道されていた。主治医は私との面談が始まった頃から、藤村氏にそれを見ることを特別に許可していた。

第三回面談は私の方から袖原3の調査状況を説明し、彼の所見を質すという形で始まった。何かうつろな眼で、あいまいな返事だったが、袖原3の全部そして接合資料の捏造を認めた。

その後、例のとおりメモを手にして、自分の方から話したいといって、まず「般若経《はんにゃきょう》」などを引用しながら、ほとんど聞きとれない弱々しい声で心境を語り出した。よく意味はわからなかったが、自分の犯した罪は許されるものではない、自分と一緒に調査をしてきたみんなにはほんとうに申し訳なくて、お詫びの言葉もない、などの言葉を何回か聞いた。そういった話は行きつ戻りつ二十分以上も続いた。

見かねて主治医がお茶をすすめ、私も「あなたの反省の気持ちはよくわかった。少し休んでから、知っていることを落ち着いて話してほしい」と間を入れた。

休憩後、秩父のことを話しますといって、私もその当時まだ十分に理解していなかった「遺跡」名を次々にあげて、捏造の事実を自分の記憶を確かめるように、ボソボソと告白しはじめたのである。はじめのうちはあまりにも重大な発言なので、私もメモをとりながら確認の質問を二、三したが、彼はそれにはほとんど答えられず、時には前に自分がしゃべったことと反対のことをいったり、わけのわからない矛盾したことをしゃべりつづけ、やがてじっと空《くう》を見つめて黙りこんでしまったりした。

私は付添いの主治医の顔を見た。頭を横にふって困惑の表情がうかがえたので、私はその日の面談を打ち切ることにした。

私は部屋を出たが藤村氏の様子が心配なので、しばらくの間、玄関に立っていた。やがて主治医ともう一人の介護人に肩を支えられて彼が階段を降りてきた。私がいるのを見て、にらみつけるようなこわい顔つきで近づいてきた。そして私の手を両手でとり、「戸沢先生には何でも話す。みんな吐きます」といっていつまでも握った手を離さなかった。私は何ともいえない感情のまま、彼の手をそのままにしていた。

別れぎわに主治医が彼の願いとして、東北旧石器文化研究所に置いてきたワープロが手元にあれば、彼は昔のことを思い出せるかもしれないといっていることを私に告げた。そして次回からは今回のようなパニックを防ぐため、質問事項を事前に文書で示しておいて、彼の話を聞くようにした方がよいと助言した。

関係者と相談してワープロはすぐ届けた。そしてその後、十項目の質問事項を整理して藤村氏の回答を求めることになった。面談の最終回になった第五回目の面談（九月二十六日）で、藤村氏はその質問に全面回答し、二十年余にわたる捏造の骨格全体がみえたことは、これも十月の中間報告で明らかにしたとおりである。

それにしても、五回にわたる面談の機会を与えてくれ、その間の連絡調整や、ワープロの病室内での使用を特例として許可する等々、名前を申しあげることはいまさしひかえるが、患者を思い、私たちの調査に協力された主治医には、まことに頭の下がる想いである。

その後、秋も深まった頃から、藤村氏の病状が急に悪化し、ついに今日まで彼との面会の機会は得ていない。私は今でも藤村氏の病気を心配し、恢復を心から祈っている。

急転回をみせる検証活動の周辺

藤村新一氏の告白がたとえ「自白は即証拠にはならない」としても、その重大さは否定できない。事実その告白がもとになって、考古学協会が中心となって取り組んでいた各種の検証活動は急速に進展することになった。

とくに考古学協会の特別委員会の下に置かれた五つの部会（プロジェクトチーム）は、多くの資料・データを集めて慎重な学術的分析を進め、またいくつかの自治体の真摯な検証発掘の結果を含めて、捏造事件全体の実態に肉迫しつつあった。それらの経過や具体的内容は協会等の報告や諸記録に詳しい。それとは別の動きの二、三を書きとどめておきたい。

「藤村メモ」の検証

第三回面談（藤村氏が心境を吐露した）の後の八月、夏休みに入った頃、主治医を通じて一枚のメモ（「藤村メモ」とその後称されるようになった）が送られてきた。第三回面談のため予め用意されたものだが、体調の急変で伝えきれなかった捏造「遺跡」二十数カ所のリストだった。そこには検証調査が進行中の秩父や北海道、そして学界でもあまり周知ではない東北の諸「遺跡」などの地名と、捏造実行の時と思われる月日が書き連ねてあった。

私はそのメモの取り扱いに迷った。面談のことも特別委員会には正式に諮っていないし、だいたいメモに書かれていることが事実なのかどうか確認しなければ、うかつに公表しては混乱を招くことをおそれた。しかしメモにもある一部の「遺跡」の検証調査は実際に進んでいる。特別委員会（委員長）がつかんだ重大な情報を、現場に伝えもせずに握りつぶすこともできなかった。

そこで捏造発覚直後の大雪の晩、私に協力を誓った二人の藤村氏関与の「遺跡」の共同研究者に、それぞれが藤村氏に同行して調査に当たった可能性のある、「藤村メモ」に記載されている「遺跡」と年月日のことについて、徹底的な再調査、記憶の呼び戻しをひそかに指示した。焦る気持ちを押さえて待つこと旬日余、ようやく二人からそれぞれの報告が返ってきた。それには驚くべき事実が記載されていた。

いわく「全く信じられない死角をついて、瞬時に石器を埋め込んだ可能性がある」「自分がまだ行ったことがない、いずれ調査に同行しようと彼に話した遺跡まであげられている」等々であった。その上で、二人は異口同音に「これまでは正直いって、疑惑のもたれている遺跡の疑いをはらそうとしてきたが、それを反省してこれからは疑惑の眼で再検討し直す」と。

このようにして二人はその後、周囲の仲間などに呼びかけ、協力を受けながら、詳細な検証レポートをまとめあげた。それは特別委員会の特別報告の予稿集に掲載され、藤村氏の「長期にわたる計画的な捏造」「手品のような巧妙な捏造手口」をすべての人びとに知らしめることになった。

やや後のことになるが、鎌田・栗島の両氏と梶原洋氏は、東京で二〇〇二年三月、多数の報道陣と学界関係者を前に、深刻な反省をこめて、苦渋に満ちた説明責任を果たした。

二人の返事をもらって、私はメモの事実はほんとうのことだと信じた。それでもなお、旧石器発掘捏造の根幹ともいえる、研究史上の「重要遺跡」については、藤村氏の告白は受けていない。そのための面談ができるまではメモの存在も事実も、公表を待つべきだと考えた。

そして九月二十六日に五回目の面談にこぎつけ、すでに再三ふれたように、この旧石器捏造事件の全体的・決定的ともいえる告白に接したのである。四回目面談の際の座散乱木に関する突然の告白、そして特別委員会第二部会による座散乱木等主要「遺跡」の石器再検証の結果、それらは限りなくクロとの情報が入っていたので、私は緊急の特別委員会（総括部会）を召集し、それらの結果を正式に報告し、その評価と扱い方を慎重に審議する手筈を決め、第五回面談の記録の整理など準備に入っていた。

藤村告白スクープへの対応に追われる

ところが九月二十八日、第二のスクープを狙った毎日新聞が、朝刊の一面トップに、捏造拡大と藤村告白のニュースを掲載した。それに追随するかのように、各紙とも夕刊・翌日朝刊などにそれぞれの取材にもとづく記事を大々的に報道した。どの社も二日前の第五回面談での重大で決定的な、藤村告白の内容の全体を知るわけがない。だから見込み記事をふくめて、各社の報道内容はばらばらだったことはいうまでもない。

この捏造問題の解決のために冷静な報道を通じて協力したいと意思表示をしてくれた社も二、三あって、マスコミとの信頼関係の維持に期待していた私にとっては、憤懣やるかたない怒りを覚えた。

知った情報はなるべく早く知らせるのが報道の社会的役割というが、不確実な情報を事実のすべてであるように流すことは、むしろ社会を混乱させることもある。特別委員会が二十九日あるいは十月七日（大会時の中間報告）の時点で、責任ある一定の公表をすることを知りながら、いやそれを知っていたからこそ、学会の正確な情報を得ぬまま、二十九日以前に発表を急いだやり方は、マスコミのいう論理とは別に、少なくとも学問的課題については、捏造事件の反省を深くふまえて、その社会的責任を果たそうと努力している学界の当事者にとっては、許しがたいことだった。

私は直ちに委員長名の文書で、抗議と自粛を求める声明文を各社に送達したが、ほとんど無視された。

心配したとおり、そのスクープの朝から、私の身辺も、特別委員会も、そして考古学協会の事務局も大混乱に陥った。報道取材はともかく、関係自治体や諸機関からの電話が鳴りつづけた。冷静な問い合わせも多かったが、特別委員会あるいは委員長への叱りの声が最も多かった。

協会および特別委員会では会長・委員長名で情報管理の不手際を詫び、まだ告白の真偽を確認するに至っていない情報であることをことわった上で、関係自治体・機関に藤村告白内容を公示した。最も影響の多い、また主要「遺跡」をかかえる埼玉県と宮城県、そして私自身、袖原3の検証発掘の責任者を務めた山形県尾花沢市へは直接足を運んで、市長や県の担当者等に報告と事情説明、不手際のお詫びをした。

宮城県では県庁で担当職員に頭を下げる私の姿が、その日のテレビで放映され、後になって

「なんで先生があんなに深々と頭を下げる必要があるのだ」と何人かの研究者や教え子等にまた叱られた。深々かどうか知らないが、そうしなければすまないような情況に立たされたのだ、止むをえなかったことだと自分に言い聞かせた。

マスコミの報道姿勢への不信

新聞報道との対応については思い出すことがたくさんある。毎日新聞取材班の『旧石器捏造のすべて』には、前にもふれたように、〝戸沢委員長〟の言動のことがかなり詳しく記録に残されている。時が過ぎたらそれらを読み返して、何か書きたくなることもあるだろう。ただここでは一つ、最後の場面のことを将来のために書き残しておく。

二〇〇二年五月の考古学協会総会の際、総会の前日、特別委員会の総括原案が全体会議（委員約五十名）で討議された。その結果は翌日の総括部会で最終チェックが行われ、特別委員会決定として正式に総会に上程される手続きになっていた。全体会議の翌朝（正式決定前）、「第三のスクープ」を狙ったのか、原案がまた新聞一面の大きなニュースになった。重要な点について、翌日の総括部会での修正があったので、決定案とはちがう、誤報ともいえる内容である。

二十六日の総括報告を壇上にのぼって行っている最中、私はふとそのことが思い出されて、報告の中に次の言葉を加えた。

「昨日の報道（公表前の特別委の統一見解の記事など）もそうですが、マスコミの先を急ぐ競争的な報道姿勢には、これまでも何度も悩まされました。この事件の経過の中で、過去永年の〝捏造旧石器〟の無批判で過熱的なニュースについて、自己批判をしたマスコミ関係者も多くいましたが、改めて遺憾の意を表し、反省を求めたいと思います。それとともに学界とマスコミがよき関係をつくり、国民が信頼する科学報道のあり方について、互いに考えあう努力が必要だということを痛感します」と。

この発言を受けたのかどうかわからないが、特別委員会の総括に対する評価にあわせて、改めて反省をふくめて、報道姿勢のあり方を記事にした新聞が目についたことは、ほっとさせるものがあった。

この点はマスコミの姿勢の問題だけではない。特別委員会のいくつかの情報モレは、管理に不注意な点があって、元の責任は委員長に帰せられることであり、誰彼が情報を外部に流したなどといった詮索をする気は全くない。しかし、いくら情報化時代とはいえ、いやそうであればこそ、得た情報をどのように使うかは個々の常識と倫理の問題である。学界と全研究者の倫理観の確立に期待する。

学界が真摯に取り組んだ上高森「遺跡」再調査

藤村新一氏の重大な告白とその公表を受けて、検証調査は一挙に、さらに加速化し活発化した。来春（二〇〇二年）の考古学協会での一年の活動総括報告を目標においた部会の会議は毎週のように各地のどこかでもたれて、全委員の積極的な検討と討議が続いていた。

そうした中で大きな課題となったのは、告白が事実であることを「遺跡」の再発掘によって、学問的立場で実証することが必要であるという意見を実現化することだった。その意見は多くの重要「遺跡」の地元である宮城県の研究者の間でとくに強く、宮城県考古学会では春頃からその検討を重ねていた。

その対象に藤村告白にもあった上高森が選ばれた。宮城県考古学会を主体として、日本考古学協会など数学会が協力して調査団が結成された。過去数年がかりで発掘された大「遺跡」である。再発掘とはいえかなり多額の発掘費が必要だ。協会の特別委員会の特別費をはじめ関係学会や個人の寄付などがかき集められた。東北旧石器文化研究所も関係者が話しあって、相応の資金を寄付していた。しかしそれらをみんな集めても、いまどきの行政発掘の経費にくらべれば、とても潤沢な発掘費とはいえなかったろう。

十月に行われた再調査の結果は、予想されたこととはいえ、惨憺たる結果に終わったことは知るとおりである。世界的発見といわれた「石器埋納遺構《まいのういこう》」や、これも世界最古の建物址といわれた「柱穴」などは、どれも捏造か誤認、調査最終段階では、人の近づくこともできない海中への火砕流《かさいりゅう》堆積物と地質学者が認定した、何十万年前ともいわれた古い地層中から、埋込み（捏造）の痕跡が明瞭な石器まで出土した。それが発見された時、若い調査員の間でたわむれに「ついに地雷が出た」と第一報が私のところにも知らされた。

調査団は「遺跡」そのものが全面的に捏造されたものという、きびしい調査結果を公表して調査は終わった。

期間中三回ほど現場に立った私は、しかし、最悪の結果を出した現場の状況にふさわしくない表現だが、一種の感動と喜びを覚えた。それは調査団長を務めた若い佐川正敏氏も、それをしっかり事務局長として支えた辻秀人氏もそうだが、その現場には過去、藤村氏関与の「遺跡」の発掘に加わり、発覚後捏造事件の衝撃と苦悩を背負った中堅・若手の研究者たちが多数参加していた。そしてみんな真摯に、一糸乱れぬ調査行動をとっていた。同じように「藤村遺跡」の発掘体験をもつ学生たちもたくさんいたが、彼等の表情には、日本考古学にとって未曾有の捏造究明にかかわる検証調査の意義を、将来につなげる意志を示す明るさのようなものさえ見た。

そのことは後の座散乱木の検証発掘の時も同じ印象をもったが、しかしそれと裏腹に、両度の発掘に〝来るべき人、ともに責任をとるべき関係者〟で、ついに一度も顔を出さなかった研究者がいたことも書き残しておかねばならない。おそらく、研究者としての良心と資質をいずれ問われることになるにちがいない。

また研究者の中には、いまさら発掘などしなくても結果はみえているといった批判を公言した者もいたというが、それよりも、地元の築館《つきだて》町当局が非公式なという前提ではあったが、学界の再調査にさまざまな便宜をはかり、陰から調査団への支援を惜しまなかったにもかかわらず、県や国の行政機関は、上高森の再調査にはなぜか一切の関与も協力も全くなかったことへの、大きな不信を残したことも事実である。

座散乱木検証発掘実現前の混乱

上高森が終わって次の焦点は座散乱木であった。特別委員会の中でも、「前・中期旧石器発見」の原点であり、国史跡でもある座散乱木の検証調査は不可欠だという意見が多かった。しかしそのやり方には問題があった。「考古学協会がやるという必要はない」「行政が主体的に取り組む責務がある」等々の意見が多かった。委員長として私もそうも考えてみたが、上高森での行政の対応を経験してみると、そうはいかないおそれが多いという心配も一方にある。

しかし議論を重ねているうちに、そんなことよりも何よりも、遺跡・文化財は国民共有財産であることを、行政も研究者もいままで大義名分として共通に唱えつづけてきた長い伝統がある。座散乱木は研究者が学術的に最高の価値があると認め、国が第一級の文化財として史跡に指定したのであるから、捏造の真偽を確認し、結果について共同の責任を負うべきことは当然であろう。そしてそのための検証発掘は、地元の町民や広く国民一般に与えた、文化財は大切だということへの不信を取り除くためにも、研究者だ、行政だといわず、みんなが共同で誠実に取り組むことこそ必要だという考えに固まってきた。

特別委員会はこの委員長見解を基本的に了解し、二〇〇一年秋以来、関係機関との折衝・調整に入った。しかし、この交渉は実に困難をきわめることになった。そのことは別の機会に正確に書く。結局、多くの研究者が休暇をとりやすい三月後半から調査を始め、五月末の特別委員会の総括報告に座散乱木の検証発掘の「成果」をとりこんで、学会として責任ある全体の評価をしたいという委員長としての私の思惑もはずれて、発掘は五月後半から、総会をはさんで六月初旬に終了するという計画になった。

形の上では考古学協会、宮城県教育委員会、文化庁の三者からなる共同組織で行われたことは、せめてもの幸いであったし、今後の考古学調査・文化財行政のあり方にとって、きわめて重要な試金石であったととらえるべきことと思う。

いずれにしても困難な経過をへて、複雑な状況をかかえながら、座散乱木の検証調査は終了した。これも藤村告白のあった捏造が立証されたという、きわめて厳粛な結果に終わった。二〇〇二年六月九日のことである。

捏造問題検証の一つの節目

日本考古学協会の総括報告や、座散乱木の検証発掘の結果をふまえて、毎日新聞がおそらく、特別委員長を務めた私に、捏造事件の第一段階の「決着宣言」を書かせたいと思ったのだろうか、文化欄への執筆依頼があった。それに応じて私は六月十三日付の夕刊に次の文章を寄せた。

「旧石器発掘ねつ造問題検証の節目で」というのが新聞社のつけた表題である。以下、その全文である。

＊

日本考古学協会前・中期旧石器問題調査研究特別委員会は、捏造事件発覚後、約一年半にわたる疑惑解明のための検証結果を、「特別委ならびに関係機関等の調査した資料に関して、藤村氏（新一・前東北旧石器文化研究所副理事長）関与の前・中期旧石器時代の遺跡および遺物は、それを当該期の学術資料として扱うことは不可能である」という統一見解として、同協会総会（五月二十六日・東京）の特別報告の中で公表した。

このことは長期（二十数年）かつ広範（北海道・東北・関東）にわたる遺跡の捏造＝歴史の偽造という、考古学の領域のみならず学問全体からみても、まさに信じ難い未曾有の事件に対する社会的な大きな不信と混乱から、日本の考古学界が真相と責任を明らかにするために行った、苦悩と屈辱の判断であったといいたい。

今回のことが一個人の不正常な行為によってひきおこされた事件であるとしても、それは多くの研究者が直接、間接に係わる中で拡大されたという点で、学術的な「旧石器問題」であったという側面もある。たとえそれ（捏造事件の解明）が全学界的な問題であったとはいえ、一つの学問的事実について、組織として一定の判断を下すというのは学問・研究の自由を保証するという立場からいえば、本来は避けるべきことだろう。

しかし、学問は個人や学界だけのものではなく、広く社会と国民一般のものである。不信と混乱は考古学界全体の責任と努力によってまず取り除かねばならない。そういった全研究者の総意が一年余にわたる困難な検証調査の進展を支え、特別委の慎重な判断につながったのである。

特別委、とくに五つの各部会の検証作業は、恣意的・感情的で無責任な評論は極力避け、具体的な資料と正確な情報の検討・分析にもとづく地道な調査を積み重ねることに徹した。総会の各部会の報告は課題が多岐にわたるため「中間報告」の形式をとったが、こと検証調査については報告後のマスコミ等の評価も、全体として学問的な厳正な内容であり説得力があり、公正で客観的な判断の基準を示したものと評価された。これは裏返してみれば、やればできることをこれまでの前・中期旧石器研究の中で、なぜ考古学研究者が実践しなかったのかという批判にもつながる。自戒して教訓とすべきことであろう。

総括報告の中で説明の足らなかったもう一つの問題があった。特別委の判断が実際に検証調査を実施した藤村氏関与の三十遺跡だけに言及したことである。つまり二百近い関与遺跡のうち三十遺跡以外には「シロ」のものがあるのかという疑問である。厳密にかつ考古学者の資質にもとづく率直な答えとしては、「あるともないとも、どちらとも云えない」というしかない。

検証調査の中で特別委はしばしば、捏造疑惑の検証について個々にまた全体としては一〇〇％の実証は不可能、しかし総合的な一定の判断は可能とも言明してきた。特別委がクロの判断をした三十遺跡の中には、過去二十年余、日本列島最古の人類史を描くのに、多くの著作（教科書を含む）やマスコミ報道にはなばなしく取りあげられてきた「重要遺跡」が軒並み顔をそろえている。それらの遺跡は学術資料から除外という判断で、これまでの前・中期旧石器時代史の骨格・根幹はほとんど崩壊したというのが、特別委総括報告の真の趣旨であった。

そして、今月九日、わが国の前・中期旧石器研究の原点とされてきた国史跡・座散乱木遺跡（宮城県岩出山町）でさえも、少なくとも当該期については捏造の断が下された。その日文化庁は史跡解除もふくめた行政措置の部内検討に直ちに入ることを表明した。その内容の中には当然、文化財行政上の反省も込められるであろうことが期待される。

（『毎日新聞』二〇〇二年六月十三日）

文化財行政への怒り

この私の文章について、新聞は「崩壊した日本列島最古の歴史」と大見出しをつけ、それに並べて「文化財行政も反省を」という、これも目立つ活字の見出しをつけた。実はこの私の初稿は九月六日に書き、担当の記者に送った。その初稿の最後の数行には最終的に記事になったものとはちがう私の書いた次の文章がある。それは「国史跡を誇りとし、今回の学界中心の調査に町をあげて協力した地元の人々の気持ちを思うと、この旧石器発掘捏造事件の罪の深さを改めて痛感する」と学界を代表して研究者としての深いおわびと反省の言葉を書いたのである。

しかしその後、最後の調査団会議等のあった九日に、現地岩出山町で私が見聞したこと、たとえば調査団の発表が終わった後、独自にひらいた町長の記者会見についての報道によると、町当局者は学界不信、調査結果への不満を強い語調で語っている。現場に来て、多くの町民をふくめた調査団が協力して、真実の追究のために努力している姿も一度たりとも見ず、何をいうかという思いは、私だけでなく調査に骨折ったみんなの気持ちである。

文化庁の責任者は調査開始前の町民への説明会（二〇〇二年四月・岩出山町）で、文化庁は行政との太いパイプをもち、地元自治体とは十分に協議することができるが、学界はそれがないと、私の前であたかも学界はそれまで、地元住民を無視してやってきたといわんばかりの印象を与えるあいさつをした。とするならば、文化庁も共同調査団に顔を並べながら、なぜ地元の町当局者や町民に、座散乱木検証調査の厳正な結果を、自らの責任をふくめて、私などパイプのない研究者に代って十分な説明をし、理解を得る努力をしなかったのか。

そのことが私の書いた「終結宣言」の末尾の数行を書き換えさせることになり、毎日新聞をして「文化財行政も反省を」という見出しをつけさせる原因になったのである。これらのことは、機をみてまたじっくりと書く必要があるかもしれない。

準備委員会を含めて一年半の特別委員会の活動を通じて私は、前・中期旧石器時代の研究体系が崩壊したという総括でこの事件の一応のしめくくりをすることができた。

その表徴的存在だった「史跡座散乱木遺跡」も消えた。

その決定が発表された六月九日、座散乱木の所在する岩出山町で、私も特別委員会委員長の辞表を日本考古学協会会長に提出した。

私のこれまでの半世紀に及ぶ考古学は何だったのだろうかという、一抹の悔いを残しながら……。

余章　考古学を学ぶこころを未来に

前章の終わりを「一抹の悔いを残しながら……」と結んでペンを措いた直後、何人かの友人が、二年前（二〇〇〇年）の暮れ近く、捏造発覚のショックを興奮して話しあった夜のことを思い出して、同じ酒場で忘年会でもやりましょうよと誘ってくれた。

店のたたずまいも二年前そのままで、座った席も同じだった。集まったみんなはすぐその雰囲気になじんで話がはずんだ。

その友人の中に二年前、「泥をかぶることになるような、火中の栗を拾うことは止めなさい」と忠告をしてくれた一人がいた。その話題になると彼は、やあと頭をかきながら「ごめんなさい。だけどあの時は検証調査など、とても短期間でできることではない。決着をつけるには問題も複雑で見通しもないと、心底からそう思っていましたよ」と説明した。同席した他の友人たちも、ほんとうは口にこそ出さなかったが、当時は誰でもそう考えていたと同意を示して、それでも「危ない橋を渡った」私に慰労の言葉を投げかけてくれた。

その朝降った雪の後で寒い夜だったせいか、鍋をつつきながらの酒の量は多くなった。そんな心地よい酔いの中で私はこんな感慨を口にした。

捏造問題は検証の成果で、「事件」としてはあるけじめをつけたが、「学問の犯した罪」といわれる部分や、文化財行政と研究の関係など、日本考古学の存立基盤を賭けた最も重要な課題を残したまま、特別委員長を辞任してしまったことが、よかったのか悪かったのか、この頃改めて悩み、責任を感じている。そのことは五十年余の自分の考古学研究者としての人生のすべてをかえりみても、その間にやった私の仕事らしいものはどれもこれも、燃えては消え、消えては燃えるといった、無責任で中途半端に終わったような気がして淋しくなる、と。

すると、以前「火中の栗」をいった友人が即座にいった。「何をいっているんです。この際委員長を止めたことは当然で、学界のためにもよかったことですよ。これからの課題は将来を担う若い人に任せるべきですよ」と、あえて老人がいまさら第二の火中の栗を拾うなとはいわなかったが、若者らしい率直な意見をいってくれた。

友人の一人に私の教え子がいて、「大丈夫ですよ。いま私たちみんなで相談して、学生時代、社会人になってからも通じて、先生のフィールドに参加した人たちが、そこで何を学び、考古学を学ぶこころにつながる何があったかを、一冊の本にまとめる計画を進めていますから、それを読んでから考えてくださいい」と、元気づける発言をしてくれた。

その夜、雪の残る寒い道を、めずらしく足をふらつかせて家に帰り、何も考えずに暖かいベッドにもぐりこんだ。

＊

本書の構成を最初に考えた時は、まだ完全に決着のついたとはいえない、旧石器発掘捏造問題のことなど、そんなにふれる気はなかった。学界や行政の今後の対応をじっくりみて、必要な時に必要な発言をすべきで、いまこの余章に書いたように、私の最後の務めとしてかかわったこの事件についても、何か途中で投げ出したといってもいい自分の行動を自己検証すればそれでよい程度に考えていた。

しかし本書を編むことに手をつけ出してからしばらくたって、文化庁が「史跡座散乱木遺跡」の解除を行政的措置として淡々とすまし、ほとんど時を同じく『縄文の生活誌』という本が、捏造であり、誤りであった「前・中期旧石器時代」の「事実」が抹消されたのは当然のことだが、捏造事件に対する自己総括も不十分なまま、何ごともなかったかのように同じ著者により、改訂版と称して再刊されるということがあった。

いうまでもなくその本は、座散乱木（およびそれ以後）の「発見」に、最重要なメンバーの一人として加わり、その後の「前・中期旧石器時代研究」、さらに座散乱木の国史跡指定等、行政上も主導的役割を果たした研究者の著書である。

こういった状況をみながら、いまこころある多くの研究者やマスコミ、多くの市民や、とくに若い学生たちの中で、もう旧石器捏造事件は決着がついたのか、発覚後の学界あげての反省はこのまま風化してしまうのかといった、考古学に対する新たな不信の声が高まりつつあることにこころを痛める。

それだからこそ、自己検証をふくめながらも、この捏造事件が何だったかを、私の行動を中心にしてすこしでも記録に残し、かつできるだけ多くの人びとの記憶の中にとどめることは、私にとって焦眉の急であった。

そしてそのことはまた、幼い頃から考古学の道を導いてくれた先輩にならって、考古学を学ぶこころを私なりに伝えることだとも思った。第六章が小書の許すスペースをこえて、予想以上の量、そして内容が私の考古学の自己検証全体の中で、捏造事件にかかわる部分だけになってしまった理由である。

＊

あの寒い晩、鍋をつついた酒の席で、私は友人たちから温かい言葉をかけられた。ひじょうに幸せなことに、私には他にも、考古学以外のいろいろな分野にわたる素晴らしい友人たちがたくさんいる。

私にはまだやるべきことがあるという、そうした友人たちの声にはげまされて、考古学のこころを未来に伝えるために、本書で取り上げた先輩たちがそうであったように、最後にいま一度、藤森栄一先生の言葉を借りるなら、「生きるとはただひたすらに生き抜くことである」という勇気をもって、考古学の未来をなおしばらくは見守りたい。

柳田國男の学問を現代思想化するために学び、かつ「常民大学」の理念を実践するためにたたかった、後藤総一郎教授が、二〇〇三年一月十二日、忽然と世を去った。本書を、敬愛する友、後藤総一郎さんに捧げる。

（二〇〇三年一月十八日）

初出一覧

序　章　こころを失った考古学への怒り――書き下ろし
第一章　考古学との出合い
――諏訪市史編纂室『諏訪市史研究紀要』第五号、一九九三年
第二章　永遠のかもしかみち
――藤森栄一『解説付新装版　かもしかみち』学生社、一九九五年
第三章　遺跡の発掘には感動がある
独力で尖石を掘りつづける
――名著出版『歴史手帖』四巻三号、一九八六年
尖石から与助尾根へ――書き下ろし
縄文集落研究の原点――書き下ろし
第四章　考古地域史がめざしたもの
――長野県考古学会『長野県考古学会誌』五七号〈八幡一郎先生追悼号〉、一九八八年
第五章　執念と情熱の考古学と教育
――明治大学考古学博物館『市民の考古学2　考古学者―その人と学問』名著出版、一九九五年
第六章　旧石器発掘捏造事件を追う――書き下ろし
余　章　考古学を学ぶこころを未来に――書き下ろし

著者紹介

戸沢充則（とざわ　みつのり）

考古学者。1932年、長野県生まれ。

著　書『増補　縄文人の時代』（編著、新泉社）、『縄文人は生きている』（有斐閣）、『岩波講座　日本考古学』（編著、岩波書店）、『縄文人との対話』『縄文時代史研究序説』（以上、名著出版）、『先土器時代文化の構造』（同朋舎出版）、『縄文時代研究事典』（編、東京堂出版）ほか多数。

考古学のこころ

2003年3月5日　第1版第1刷発行

著　者＝戸 沢 充 則

発行所＝株式会社　新 泉 社

東京都文京区本郷 2-5-12

振替・00170-4-160936番　電話 03-3815-1662　FAX 03-3815-1422

印刷・太平印刷社　製本・榎本製本

ISBN4-7877-0304-8　C1021

増補 縄文人の時代

戸沢充則編著　A5判・296頁・2500円（税別）

発掘・研究の第一線で活躍する執筆陣が、発掘の経過と成果をわかりやすく解説し、確かな学問的事実に基づき縄文時代の社会と文化、縄文人の暮らしを、自然環境・食料・集落・心性などから多面的に描き出す。増補版では編者による「縄文時代研究への理念」を新たに収録。

武蔵野の遺跡を歩く ［都心編］［郊外編］

勅使河原彰・保江著　A5判・184/176頁・各1800円（税別）

市民によって守られてきた遺跡、自然、そして博物館などを訪ね歩く日曜考古学散歩コースを、詳細な地図と豊富な写真で紹介。〔都心編〕では江戸城跡、本郷弥生町、上野谷中、荏原台古墳群など、〔郊外編〕では野川、武蔵国分寺、八国山、小江戸川越など、各12コース収録。

現場取材、信濃の古代遺跡は語る

片岡正人著　A5判・256頁・2500円（税別）

信濃は、縄文中期に最盛期を迎えさまざまな文化を開花させた遺跡の宝庫である。その中から72の遺跡を取り上げ、発掘に携わった人々や研究者にインタビューし、豊富な写真と記者ならではの自由な発想と解釈で遺跡を紹介。遺跡への道案内もありガイドブックとしても最適。